잠자는 성령의 능력을
복음으로 깨워라

잠자는 성령의 능력을 복음으로 깨워라

발행일   2020년 10월 15일

지은이   오성한
펴낸이   손형국
펴낸곳   (주)북랩
편집인   선일영   편집   정두철, 윤성아, 최승헌, 이예지, 최예원
디자인   이현수, 한수희, 김민하, 김윤주, 허지혜   제작   박기성, 황동현, 구성우, 권태련
마케팅   김회란, 박진관, 조하라, 장은별
출판등록   2004. 12. 1(제2012-000051호.)
주소   서울특별시 금천구 가산디지털 1로 168, 우림라이온스밸리 B동 B113~114호, C동 B101호
홈페이지   www.book.co.kr
전화번호   (02)2026-5777   팩스   (02)2026-5747

ISBN   979-11-6539-310-6 03230 (종이책)   979-11-6539-311-3 05230 (전자책)

이 도서의 국립중앙도서관 출판예정도서목록(CIP)은 서지정보유통지원시스템 홈페이지(http://seoji.nl.go.kr)와
국가자료공동목록시스템(http://www.nl.go.kr/kolisnet)에서 이용하실 수 있습니다.
(CIP제어번호: 2020042330)

WAKE THE POWER OF HOLY SPIRIT WITH GOOD NEWS

잠자는
성령의 능력을 복음으로
깨워라

오성한 지음

스스로 잠재운 성령의 능력을 깨우는 비법
복음의 조명이 밝아지고 흔들 깃발이 생긴다

───── 복음을 체질화하는 22가지 ─────

지금까지 깨워본 적이 없었던 세계가 깨어난다
짧은 기간에 믿음의 사람으로 하나님의 사람으로 세워짐을 보았다

북랩 book Lab

프롤로그

교회의 성장과 개인의 성장을 떠받드는 가장 중요한 본질의 원동력은 성령의 능력이다. "나는 심었고 아볼로는 물을 주었으되 오직 하나님께서 자라나게 하셨나니(고린도전서 3:6)"라고 하신 말씀을 보면 "오직 하나님께서 자라나게"하신다. 사람이 거듭나고 자라게 하실 분은 성령의 직접적인 역사 뿐이다.

당신은 예수 믿고 사는 삶이 신바람이 나는가? 당신은 예수님 때문에 흔들 깃발이 생긴 삶을 살고 있다는 생각이 드는가? 당신은 구원받은 확고함이 있는가? 당신은 이 땅을 사는 의미를 알고 능력의 삶을 살고 있다는 생각이 드는가? 당신은 날마다 흘러넘치는 생수의 강이 있다고 생각되는가? 당신은 날마다 다른 사람을 살리고 싶은 마음이 넘쳐나는가? 당신은 권세 있는 당신의 말이 땅에 떨어지지 않는다는 확신이 있는가? 당신은 언제 어디서든지 권세 있는 예수 그리스도의 이름이면 귀신이 당신 앞에 항복한다는 것을 믿고 있는가?

그렇다. 믿는 자에게 주신 권세는 누구에게나 있다. 예수님을 통해 이미 주신 권세를 알고 인정한다면 당신은 분명히 그렇다고 대답할 것이다.

복음의 능력이 실재가 되지 않는다면 복음이 아니다. 복음은 예수를 믿는 자가 하나님의 의가 되어 영원한 임마누엘이 되었다는 기쁜 소식이다.

예수의 이름이면 충분하다. "칠십 인이 기뻐하며 돌아와 이르되 주여 주의 이름이면 귀신들도 우리에게 항복하더이다(누가복음 10:17)"라고 했다. "주의 이름이면" 충분하다. 예수 이름에 다른 것이 더 필요한 것이 아니다. 예수의 이름이면 충분하다. 믿는 자가 가진 권세는 손만 올리면 되지 복음을 믿는 믿음 외에 무엇이 더 필요한 것이 결코 아니다.

예수를 믿으면 우리 안에서부터 생수의 강이 영원토록 흐르게 된다. 기도를 많이 할 때만 흐르는 것이 아니다. 당신 안에 영원히 흐르는 생수의 강이 있다는 것을 알게 되면 놀라운 능력의 삶을 살게 될 것이다.

당신이 가진 권세가 능력이 되게 하라. 이 땅에 복음이 널리 퍼지도록 당신에게 있는 능력을 나타내야 한다.

믿는 자의 권세를 가지고도 능력이 나타나는 삶을 살지 못하는 이유가 있다. 능력으로 나타나게 하는 방법을 몰라서 그렇다. 당신은 알아차리고 능력의 사람이 되어야만 한다. 믿는 자가 능력의 삶을 살지 않는 것은 월권이다. 하나님의 것으로 살지 않고 사람의 것으로 살기 때문이다. 월권하지 말라.

운전면허증을 가지고 있는 사람은 누구나 운전할 수 있다. 그러나 운전을 잘하고 못하고는 차이가 클 수 있다. 운전면허증이 있다고 저절로 운전이 잘 되는 것이 아니다. 운전을 많이 해야 운전을 잘하는 능력이 생긴다.

믿는 자에게 주어진 권세를 능력으로 나타내는 방법도 똑같다. 믿는 자의 권세는 예수를 믿으면 누구에게나 다 주신다. 믿는 자가 권세를 사용하지 않으면 능력의 삶을 결코 살 수 없다.

당신이 가진 권세를 능력으로 나타내려면 가진 권세에 대해 알고, 가진 권세를 자주 사용해야 권세가 능력으로 나타난다. 권세를 사용할 때 먼저 해야 할 일이 있다. 자신에게 먼저 사용해야 한다. 자신이 가진 권세가 얼마나 대단한 권세인지 분명히 알고 감격하며 주신 권세를 자신에게 먼저 자주 사용할 때만 쉽게 능력의 삶을 살 수 있다.

이 책은 당신 스스로가 잠재운 성령의 능력을 복음으로 깨어나게 도와줄 것이다. 자신에게 있는 권세로 인해 흔들 깃발이 생길 것이고 가진 권세를 반복적으로 주장하고 사용함으로 능력이 나타남을 보게 될 것이다. 자신이 능력의 사람임을 알고 스스로 깨우고야 말 것이다. 이 글을 읽는 당신은 복음의 사람으로, 능력의 사람으로, 성령의 사람으로 행복의 문이 반드시 열리게 될 것이다.

2020년 10월
온전한 복음만을 전하기로 결단한 종 **오성한** 목사

목차

PART I

능력으로
출발하라

신앙생활은 출발이 중요하다. 성령 충만을 받기 위해 신앙생활을 한다면 당신은 평생 성령 충만하다고 생각을 할 수 없을 것이다. 대부분 성령 충만을 받기 위해 신앙생활하고 있지만 그래서는 안 된다. 믿는 당신에게 이미 성령께서 충만하게 임했음을 아는 믿음으로 출발해야 한다. 성령 충만은 믿음으로 받을 수 있다. 믿음이 아니면 아무리 노력해도 성령 충만한지 아닌지조차 구별할 수 없다. 믿음으로 성령 충만함을 받는 것을 모르면 삶의 목적을 잃어버리게 된다.

당신은 100% 성령 충만하다고 생각한 적이 있는가?
당신은 앞으로 100% 성령 충만할 자신이 있는가?

믿음으로 성령 충만을 받는 것을 모르면 평생 성령 충만을 구하다가 이 땅을 마칠 것이다. 성령 충만을 기다리고, 열심히 기도하는 것으로 100% 성령 충만함을 받아 본 적이 없다면 앞으로도 100% 성령 충만을 경험하지 못할 것이다.

성령을 기다리기만 하다가 언제 성령 충만해져서 능력 있는 전도자의 삶을 살 수 있겠는가? 하나님께서 성령 충만을 어렵게 받도록 만들어 놓으신 분이 아니시다. 성령 충만의 쉬운 길을 발견하고 성령 충만하여 능력으로 출발하도록 하자.

1장

볼 수 있는 사람이 돼라

총을 쏠 때 보고 쏘는 사람과 보지 않고 쏘는 사람은 분명히 다르게 쏠 것이다.

보이는 세계와 보이지 않는 세계는 한 공간에 함께 있다. 보이지 않는 세계가 보이는 세계를 움직이고 있다는 것을 아는 것은 중요하다. 보이지 않는 세계를 보는 사람은 보이는 세계를 뚫고 하나님의 나라가 이 땅을 침투해 들어오게 할 수 있다.

볼 수 있는 사람은 다르다

"주님, 이 질병만 치료해 주신다면 목사가 되겠습니다"라는 말이 툭, 튀어나왔다. 처음 가본 교회당에서 있었던 일이다. 부산 동래에 있는 작은 교회당에서 열리는 부흥회에 지인을 따라가 제일 뒷자리에 앉았다. 집회를 마치기 전 강사 목사님은 장의자 가운데 자리를 벌려 앉아 달라고 부탁하신 후 의자를 타고 넘어오시면서 머리를 툭 치며 지나가는 안수를 하였다. 난생처음 안수를 받는 나의 입에서 "주님, 이 질병만 치료해 주신다면 목사가 되겠습니다."라는 말이 나도 모르게 튀어나와 버린 것이다.

온몸에 심한 아토피 때문에 대학 진학을 하지 못하고 재수를 했다. 아토피의 고통에서 벗어나고 싶었지만, 방법이 없었다. 그런데 손으로 그저 툭 때리고 지나가는 안수를 받는 순간 2년 반 동안 괴롭히던 아토피가 깨끗해져 버렸다. 집에 돌아온 나는 혹시 아토피가 또다시 올라오지나 않을까 아무리 기다려도 다시 올라오지 않았고 이 일이 신학대학을 가게 된 동기가 되었다. 대학을 마치고 대학원에 입학은 했지만, 아버지께서 목회하시는 것을 보고 자란 나는 목회에 자신이 없었고 부담만 가득했다. 어느 날 학교 문제를 위해 동기생들이 모여 학교를 위해 기도하는 시간이었다. 나는 학교 문제는 뒷전이었다. 내가 먼저 은혜를 받아야 앞으로 목회할 수 있겠다는 생각뿐이었다. "주님, 무슨 은혜라도 좀 주셔야 이 길을 갈 것 같은데 은혜를 내려 주십시오."라며 은혜를 받아야겠다고 기도를 시작했는데 기도는 되지 않고 말문이 막혀 당황하다 "혹시 방언이 나오려나?"라는 생각을 하는 순간 하늘에서 전봇대 같은 빛줄기와 함께 방언이 터진 그 날을 잊을 수 없다. 그 후 나는 완전히 달라지기 시작했고 보이지 않는 세계를 볼 수 있는 성경에 눈이 열려 무섭도록 성경을 읽기 시작하고 기도하기 시작했다.

> "주님, 은혜받고 싶어 기도하길 원하는데 왜 말을 못 하겠습니까? 피곤
> 해서 그런가요?"라고 말하면서 "방언이 터지려나?"라는 생각이 스쳐 지나
> 가는 순간 하늘에서 전봇대 같은 빛줄기가 내려오더니 나의 가슴을 관통
> 하고 지나갔다.

엘리사를 잡으러 아람 군대가 왔다. 엘리사의 시종은 놀라 "엘리사 영감님, 저기 군대가 보이지 않습니까? 보이지 않아서 구별이 안 됩니까? 벌써 노안이 왔단 말입니까? 제가 자세히 알려 드릴까요"라고 야단법석이었다. "저 정도면 한 도시 정도는 거뜬히 삼킬 군대입니다"라고 분석하며 아주 예리하게 이야기했다. 이 소리를 듣던 엘리사는 "하나님, 시종의 눈을 열어주세요."라고 하자 시종은 보지 못했던 세계를 보게 된 것을 우리는 알고 있다. 시종은 엄청난 하늘 군대가 아람 군대를 포위하고 있는 것을 볼 수 있게 되었다.

시종의 눈이 열린 후, 하늘 군대가 온 것이 아니다. 시종의 눈에는 보이지 않았지만, 하늘 군대는 처음부터 거기 있었다.

보이는 세계와 보이지 않는 세계는 같은 공간에 있는 하나의 세계이다. 보이지 않는 영의 세계의 왕성한 활동은 보이는 세계 속에 지금도 진행되고 있다. 영의 세계와 육의 세계는 설명하기 위해 분리할 뿐이지 똑같은 하나의 세계다. 보이지 않는 세계를 보지 못하는 사람은 항상 염려와 근심 속에 불안하다. 육의 눈으로 볼 수 없는 세계를 볼 수 있는 사람은 복된 사람이다. "제자들을 돌아보시며 조용히 이르시되 너희가 보는 것을 보는 눈은 복이 있도다(누가복음 10:23)"라고 하셨다. 보이지 않는 세계를 보는 사람은 보이지 않는 세계를 보이는 세계에 끌어넣고 싶은 갈망을 가진 사람으로 변하게 된다.

보이지 않는 세계를 보는 것은 이성적인 학문으로 볼 수 있는 것이 아니다. 믿음은 학문이 아니다. 육적인 것을 계발하고 발전시킨다고 볼 수 있는 것도 아니다. 믿음을 혼적으로나, 육적으로나, 학문적인 것으로 생각하면 믿음의 낭패를 당하게 된다. 보이지 않는 세계를 보는 것은 힘으로도 능으로도 되지 않고 오직 하나님의 신으로 되는 것이다. 육의 눈으로 볼 수 없는 세계를 감각으로 알려 하지 말고, 계시의 세계를 성령의 도움으로 보아야 한다. 하나님은 계시의 세계에 계시는 분이기에 혼으로는 도저히 하나님을 알 수 없다. 영으로 볼 수 있어야 하고 성경 계시를 통해 보아야 한다. 믿음은 영적인 세계다. 오감이 아닌 말씀의 계시를 통해 볼 수 있는 세계다. 오감으로만 보려 하면 볼 수 없는 세계다.

영의 세계를 스스로 볼 수 없음을 깨닫고 하나님께 항복해야 한다. 보이지 않는 세계를 보길 원한다고 항복해보라. "주님, 저는 할 수 없습니다. 저의 힘으로 볼 수 있는 것이 없습니다. 볼 수 있게 도와주세요"라고 손을 들어야 한다. 그렇게만 한다면, "그래, 네가 할 수 없다고 하니 내가 너무 기쁘구나. 이제부터 내가 하겠다"라는 음성을 들려주실 것이다.

하나님을 전적으로 의뢰한다면 당신의 영은 빛을 발할 것이고, 보이지 않는 하나님의 나라가 당신 영에 내재함을 알게 될 것이다. 그렇게 되면 성경을 이해하는 수준을 넘어 믿어지게 될 것이다. 성경은 이해하는 것이 아니라, 믿어져야 한다. 믿을 때 내 몸이 하나님께서 함께 하시는 성전이며 보좌가 내 안에 있음을 성경을 통해 볼 수 있게 된다. 이성으로 성경을 보던 것을 포기하고, 내 힘으로 볼 수 없는 세계를 볼 수 없다는 것을 인정하고 하나님을 의뢰하자. 믿음의 눈이 열려 볼 수 없는 세계를 볼 수 있는 눈을 열어 주실 것이다.

이사야가 본 하나님의 보좌가 우리 몸 안에 있음을 성경대로 믿고 성경대로 보는 사람은 예전과 다른 사람이 된다. 우리 몸을 성전 삼으시고 보좌에 좌정하셔서 울려 퍼지는 천사들의 노래와 이십사 장로들의 경배를 받으시는 주님을 보는 사람은 그들과 함께 경배하는 달라진 사람이 된다. 천군 천사들이 당신의 몸 안 있다.

당신이 하나님의 보좌 앞에 올려드리는 경배에 함께 화답한다면 성전 안에 영광의 구름이 가득하게 될 것이다. 이 광경을 보는 당신은 흥분하는 사람으로 달라질 수밖에 없을 것이다. 당신은 천사와 함께 찬양하며 화답하는 시간이 즐겁고 기쁠 것이다. 당신은 보좌 앞에 서 있기를 갈망하며 경배드리기를 사모하게 될 것이다. 볼 수 있는 사람은 이렇게 다른 사람이 될 수밖에 없다. 믿음으로 이 세계를 당신은 볼 수 있다.

요한계시록에서 바다는 사탄이 올라오는 곳이다. 요한계시록 4장을 보면 바다가 변하여 유리 바다가 되어 보좌 앞에 놓여있다. 나는 그곳에 서 있기를 좋아한다. 주님은 풍랑 이는 모든 파도를 잠재우시고, 유리 바다를 만드셨다. 그 유리 바다는 평온하다. 평안이다. 따뜻하다. 아름답다. 유리 바다 위에 서 있는 나는 걱정이 없다. 보좌가 움직일 때마다 네 생물은 따라 움직인다. 나도 그들과 함께 춤추며 찬양한다. 이런 기도 시간이 좋다. 주님의 임재를 만끽하는 시간이 좋다. 보좌 앞에 있는 것이 좋아 보좌를 그림으로 그려보는 일을 계속하고 싶고 그 자리를 갈망한다.

에스겔이 설명한 보좌 앞에도 서 본다. 이십사 장로들과 천군 천사와 함께 합창도 한다. 끝없는 찬양 소리가 육의 귀에는 들리지 않고, 보이지 않지만, 보좌 앞엔 항상 놀라운 찬양이 있다. 보이지 않는 세계와 보이는 세계가 한 공간에 하나 되어 있기 때문이다.

영의 눈을 떠 보라. 영의 귀로 들어보라. 찬양과 영광이 하나님의 보좌 곁에 끝없이 울려 퍼지고 있다. 우리 몸은 하나님이 거하시는 성전이다. 성전에 주님만 계신 것이 아니다. 보좌가 있고 놀라운 찬양과 영광이 계속 울려 퍼지고 있다. 바로 그 장소가 구만리 장천 멀리 있지 않고 아주 가까이 당신의 몸에 있다.

들을 수 없는 것을 들을 수 있고, 볼 수 없는 것을 볼 수 있다면 복된 사람이다(누가복음 10:23-24 참고). 당신은 항상 기뻐하고, 항상 감사할 수 있다. 항상 기도할 수 있다. 보이지 않는 세계로 들어와 보라. 보이지 않는 세계에 들어갈 때 찬양의 입이 열린다. 찬양이 터질 것이다. 찬양과 경배와 영광을 올리고도 더 올리고 싶은 갈망이 넘칠 것이다. 이 세계를 본 당신은 시간 가는 줄 모르고 찬양과 기도의 시간에 빠져들 것이다. 주님의 보좌를 바라보며, 주님의 얼굴을 바라보다가 엎드리고 또 엎드리게 될 것이다. 감격의 눈물이 왜 그리 흐르는지 세상 사람들은 모르는 황홀함 속으로 빠져들 것이다. 보좌는 먼 곳에 있지 않다. 바로 당신 몸에 있다. 어린양을 향한 찬양이 당신 몸 안에 지금도 울려 퍼지고 있다.

보좌가 당신 몸 안에 있는 것을 보게 되면 당신은 달라질 것이다. 당신 몸인 성전에 주님의 옷자락이 가득하다. 보좌 앞에 들어가 주님의 품에 안겨 화답할 때 영광의 구름은 성전에 가득해진다. "주님 사랑해요. 온 맘과 정성 다해. 하나님의 신실한 신부 되어 감사합니다. 주님, 사랑해요. 온 맘과 정성 다해 하나님의 신실한 신부가 되었어요."라고 고백하는 것이 당연한 일이다.

하나님의 일

"내 멍에는 쉽고 내 짐은 가벼움이라(마태복음 11:30)"라고 하신 것처럼 하나님의 일은 쉽고 가볍다. 성령의 도우심 속에서 선명하게 보면서 하는 일이기 때문이다. 하나님의 일은 예수께서 하신 일을 보고 믿는 일이다. "우리가 어떻게 하여야 하나님의 일을 하오리이까 예수께서 대답하여 이르시되 하나님께서 보내신 이를 믿는 것이 하나님의 일이니라(요한복음 6:28-29)." 믿는 일이 하나님의 일이다. 우리는 앉아서도, 누워서도, 언제든지 믿는 운동만 하면 된다. 병든 자도 하나님의 큰일을 할 수 있다. 가난해도 하나님의 일을 할 수 있다. 어린아이도 하나님의 일을 할 수 있다. 노인도 하나님의 일을 할 수 있다.

하나님의 큰일은 예수를 믿는 일이다. 예수를 믿는다는 말은 예수께서 하신 말씀과 하신 일을 믿는 것이다. 주님의 일을 많이 하려면 믿기만 하면 된다. 그래서 주님의 멍에는 쉽고 가벼운 것이다. 십자가를 지시고 부활하시고 승천하셔서 이루신 일은 우리 죄를 사하신 후 우리 안에 좌정하신 일이다. 우리 몸에 좌정하신 임마누엘을 믿는 것이 하나님의 일이다. "내가 결코 너희를 버리지 아니하고 너희를 떠나지 아니하리라(히브리서 13:5 하)"라고 하심을 믿는 것이 하나님의 일이다.

말씀대로 믿으려고 해야 한다. 나의 모습이 그렇지 않고, 내 생각에 그렇게 보이지 않더라도 하나님의 말씀을 그대로 믿어야 한다. 사람을 믿을 때도 그 사람의 말을 믿듯이 하나님을 믿는 것도 그분의 말씀을 믿는 것이다. 말씀을 믿지 않는 것은 하나님을 믿는 것이 아니다. 믿음은 보이지 않는 영의 세계 일을 믿는 것이다.

영의 세계를 알기 위해서는 성령의 도우심이 필요하다. 성령님께 도움을 구할 때 눈으로 보는 듯, 귀로 듣는 듯 믿어지도록 도와주신다. 이것이 바로 영의 세계의 비밀이고 믿음의 세계의 비밀이다.
믿음이란 순수하게 영으로 접해야 한다. 모든 종교가 그렇다. 불교는 부처의 영으로 나타난 마귀와 접하고, 마호메트교는 마호메트의 영으로 나타난 마귀를 접하는 것이다. 신천지도 이만희를 통해 나타난 거짓의 영과 접하기 때문에 사람이 이해할 수 없는 행동과 몰두함이 생긴다. 구원의 길인 줄 알고 속아 열심을 내지만, 결국은 멸망이다.

"우리의 씨름은 혈과 육을 상대하는 것이 아니요(에베소서 6:12 상)"라고 했다. 혈과 육이 아닌 영의 생각을 하겠다고 결단하며 성령님의 도우심을 환영하고 모셔야 한다. 자신을 볼 때 의인이라 감히 말하기 부끄럽다. 그러나 주님이 십자가에서 다 이루셨기 때문에 말씀하신 것을 인정하는 것이 영의 세계에 들어가는 것이고, 하나님의 일을 하는 것이다. 그냥 믿고 받기만 하면 되는 일이라 너무 쉽고 너무 감사할 뿐이다.

더러워서 앉을 수 없는 우리를 보혈로 닦아 내시고 좌정하신 주님을 뵈옵는 일은 너무 행복한 일이다. 예수께서 하신 일을 알고 믿음을 갖게 되면 주를 위해 고난을 받고, 핍박이 온다 해도 목숨 걸고 주님을 사랑하고 싶어진다. 내 안에 좌정하신 주를 향한 갈망이 넘쳐날 것이다. 자면서도 주님을 생각하고 싶어질 것이다. 목이 아프도록 주님을 부르고 싶어질 것이다. 주님을 부르다 잠들고 싶어질 것이다. 주님도 나의 갈망을 아신다는 사실에 감격할 것이다.

지금 들어보라. 성전인 당신의 몸에서 들려오는 우렁차고 엄청난 주님의 음성을! 감격 속에 주님을 갈망하며 영광을 드러보라. 육으로는 들리지 않지만, 성전에서 들려오는 소리, 그 우렁찬 찬송 소리에 깊이 파묻혀 보라.

하나님의 일을 하는 자는 하나님이 보내신 자, 예수를 믿는 것이라고 하시니 그렇게 하자. 예수를 믿는 것은 예수께서 하신 일을 그대로 믿고 받아들이는 것이다. 주님 하신 일을 그대로 인정하며 받아들이자. 다 이루신 십자가의 결과에 아멘 하자. 나의 몸을 성전 삼고 좌정하신 놀라운 보좌 앞에 엎드리자. 천군 천사와 함께,

이십사 장로와 함께 영광과 찬송과 경배를 드리는 일이 하나님의 일인 줄 알고 주님께 영광을 돌리자. 내 안에 잠재웠던 성령의 능력을 깨워 어두워진 세상을 비추며 성령님을 인정하며 출발하자.

"주님, 홀로 영광을 받으소서!"

열매 맺도록 하라

열매를 맺고 싶은가? 열매 맺기는 너무나도 쉽다. 열매는 저절로 맺힌다. '저절로'보다 쉬운 일은 없다. 가지가 포도나무에 붙어있지 아니하면 절로 과실을 맺을 수 없다. 가지가 포도나무에 붙어있기만 하면 저절로 열매를 맺는다. 노력으로 열매가 맺히는 것이 아니라 붙어있기만 하면 저절로 열매를 맺는다.

전에는 미처 몰랐다

자상하다가도 혈기가 올라올 때는 감당할 수 없었다. 시간이 갈수록 점점 심해져 가는 나 자신에 놀랐다. 고쳐보려고 했지만 고쳐지지 않았다. 기도하고 성경을 읽는 것과 별 상관이 없는 것 같았다. 화를 내는 날은 스스로 고통스러워 반은 죽었다. 후회와 죄책감과 자괴감으로 반복되는 행실을 회개했지만, 얼마 가지 않아 또 반복하니 소용없는 것 같았다. 변화되고 싶은데 변하지 않는 모습에 자책하며, 고통스러워하며, 얼마나 많은 죄책감으로 살았는지 모른다. 자책감과 죄책감에 사로잡히게한 일은 급한 성격뿐이 아니었다. 끊임없이 사로잡아오는 죄의 법을 섬기는 나의 모습에 위선자라는 생각을 지울 수 없었다.

몸에 밴 어린 시절 때문에 오랜 시간 동안 괴롭힘을 당했다. 아버지도 급한 성격이었고 북한에 계신 할아버지도 급한 성격이었다고 한다. 어릴 때부터 결심한 것이 있다. 아버지의 급한 성격을 절대 닮지 않겠다고 무수히 결심했었다. 그런데 웬일인가? 결혼한 후나의 모습은 아버지의 급한 성격보다 더한 것 같았다. 급한 성격을 처리할 수 없고, 고칠 방법을 알지 못해 무수히 많이 속았다. 아내와 자녀들에게 상처를 남기며 속아 살았다. 결심해도 되지 않았고 회개하고 기도해도 별 소용이 없는 것 같았다.

복음의 조명이 밝아지면서 나는 달라지기 시작했다. 주님께서 해 놓으신 복음은 나를 고치기에 충분했고 나는 이제 달라졌다. 얼마 전 아내가 나에게 99% 달라졌다고 말해 줄 정도가 되었다. 어릴 때는 양치질을 억지로 시키지만, 어른이 되면 저절로 양치질이 되듯이, 복음이 깨달아지면 저절로 고쳐지게 된다는 사실을 알게 되었다.

"전에 깨닫지 못할 때 계명이 이르매 죄가 살아났다(로마서 7:9 참고)"라는 말씀이 있듯이 나에게 죄는 '네가 노력하면 변화될 수 있다'라고 속였다(로마서 7:11 참고). 나는 내가 아직 죽지 못해서 그렇다고 생각해 나를 죽이면 될 줄 알았지만, 그것이 아니었다. 나를 변화시키려다 되지 않으니 감사는 없어지고 좌절과 죄책감만 더해 갔다. 신앙생활의 대부분은 나를 고치려고 집중했다. 고쳐지지 않으니 능력의 삶을 산다는 것은 엄두도 낼 수 없었다. 은혜에 감사할 때도 있었지만, 얼마 가지 못하고 위선자라는 생각이 엄습했다.

어느 날이었다. 화를 내고 있는데 성령께서 "성한아, 네가 그렇게 화를 내면서도 네가 의인이라고 믿니?"라고 하시는 것이었다. 로마서를 읽고, 은혜를 받은 터라 다른 대답을 할 수가 없었지만, "성령님, 꼭 이럴 때 질문하셔야겠습니까?"라고 반문했다. "그래, 성한아, 대답 해 보아라."라고 다시 말씀하셨다. 머뭇거리다가 겨우 "예!"라고 나지막이 대답했다. 다음에 들려온 주님의 음성은 나를 울게 만들어 버렸고, 나를 변화시키는 출발이 되었다. "그래, 네가 나를 믿어주니 고맙구나! 성한아, 네가 그런 상황에서도 너를 믿지 않고, 내가 이루어 놓은 일을 믿어주니 정말 고맙다."라고 하시는 것이었다. 주께서 들려주시는 음성은 십자가의 은혜에 감격하게 했고, 양쪽 눈에선 눈물이 흘러내리기 시작했다. 감격이었다. "주님, 죄송합니다. 그리고 감사합니다. 알겠습니다. 이제부터 저를 믿지 않고 주님만 믿겠습니다"하는 고백을 반복해서 올려 드렸다. 주님은 "성한아, 고맙다." "성한아, 고맙다." "나를 인정해 주고, 믿어주니 고맙다."라는 소리가 계속 들려왔다. "성한아, 너는 죽었단다. 너는 너 자신을 죽일 필요가 없단다. 너는 나와 함께 죽었단다. 네가 의인임을 믿는다면 너는 나의 삶을 살 수 있단다. 너의 상태와 아무 상관 없이, 나는 네 안에서 솟아나는 샘물이란다. 나는 네 안에 영원히 흐르는 생수의 강이란다. 네가 화를 내는 것과는 아무 상관 없이 네 안에는 성령의 강물이 흐르고 있단다. 너는 그것을 믿을 수 있겠니?"라고 또 질문 하셨다. "에 주님, 믿습니다. 감사합니다." 라는 대답을 할 수밖에 없었다. 또 말씀하셨다. "이제 너의 삶을 내가 산단다. 나는 너를 떠난 적이 한 번도 없단다. 사랑하는 성한 아! 나는 지금 네 안에 있는데 조금 전 화낸 일을 사과하고 싶은데 너는 어떠니? 지금 사과할 수 있겠니?"라고 하셨다. 이 음성을 듣고, 깨달아지는 날, 죄송하고, 황송하면서도 얼마나 좋았는지 모른다. 그렇게 화를 잘 내던 나를 버리지 않으시고 여전히 함께하셨던 주님을 느낄 수 있었다. 어떤 깨달음보다 강렬했다. 엄청난 복을 알게 된 날이었다. "주님이 저와 함께한다는 것이 무엇인지를 제대로 몰랐습니다"라고 대답하며 성령님의 음성에 순종할 수밖에 없었다.

사과하려고 상대의 얼굴을 보니 용기가 나질 않았다. 그래도 순종할 수밖에 없었다. 몹시 어렵지는 않았다. 저절로 되는 일이었다. 이런 일이 여러 사건과 여러 곳에서 일어나기 시작했다. 그럴 때마다 선 저지르고, 후 조치하는 일이 많았지만, 나의 모습은 저절로 고쳐지기 시작했다. 내가 의인이기에, 믿음으로 의인의 삶을 살 수 있다고 믿어지기 시작한 것이다. 똑같은 복음이었지만, 다르게 깨달아졌다. 복음의 조명이 밝아진 후, 항상 내 배에서 생수의 강이 엄청나게 흐르고 있다는 것을 고백할 수 있게 되었다.

전에는 기도를 많이 해야 하고, 나의 행동이 완전히 변해야 믿음인 줄 알았다. 하늘에서 불이 떨어지길 원했고 더욱 선한 일을 행해 보려고 노력했다. 나에게 생수의 강이 흐르고 있다는 것은 생각지도 못하고, 성령 충만을 막연하게 기대만 했었다. 그런데 나의 모습과 상관없이 넘쳐흐르는 생수의 강이 나에게 있음을 알게 되었다. 내가 변한 모습과 관계없이 주님이 함께 계심을 인정하며 고백하며 기뻐하게 되었다. 저절로 행함이 되는 생활로 바뀌기 시작했고 임마누엘의 영광이 얼마나 큰 것인지 시간이 갈수록 더 깊이 깨달을 수 있었다. 마음엔 기쁨의 샘이 솟았다. 성경을 보는 눈도

달라졌다. 설교가 쉬워졌다. 메시지가 예수, 복음 중심으로 단순해졌다. 그전에도 예수만 전한다고 생각했는데, 예수만 전하는 것이 어떤 것인지를 새롭게 알게 되었다. 오직 예수만 전하고 싶은 마음이 더욱더 넘쳐났다. 복음이 교회에 힘이 되고, 개인에게 힘이 되고, 복음만이 세상을 정복할 수 있게 한다는 확신이 생겼다. 복음의 조명이 사람을 저절로 바꾸어 놓는다는 것을 알게 되었다. 목숨이 끊어지는 그 날까지 '예수께서 왜 이 땅에 왔다 가셨는지'를 분명히 알려 잠재운 성령의 능력을 깨워야겠다는 열정이 생겼다.

저절로 맺는 열매

행함이 없는 믿음은 죽은 믿음이라고 했다. 믿음은 행하게 한다. 복음은 감격이 생기게 하고 저절로 행하게 만든다. 흉내만 내는 행함은 열매가 아니다. 립싱크는 실재가 아니다. 복음의 조명을 받으면 능력 있는 행함이 저절로 나온다. 다른 것은 대충 흉내를 낼 수는 있어도 성령의 인도와 주님의 인격은 흉내 내거나 따라 할 수 없다. 모조품처럼 살 수도 있다. 세상의 방식으로 하는 일이 하나님의 일처럼 보일 수 있다.

그러나 흉내 내는 행함은 기름 없는 차를 밀고 가는 것과 같아서 너무 힘이 든다. 우습지 않은데 억지로 계속 웃으려고 하면 입도 아프고 얼굴로 아프고 얼마나 웃는 것이 힘든 일인지 모른다. 흉내 내는 행함이 훌륭하게 보일 수 있지만 가짜이다. 성령 없이도 가르칠 수 있다. 그러나 모조품이다. 그러니 조금만 지나면 지치고 힘겹게 된다. 흉내 내는 신앙생활은 힘거운 종교 생활에 불과하다.

"가지가 포도나무에 붙어있지 아니하면 스스로 열매를 맺을 수 없음 같이 너희도 내 안에 있지 아니하면 그러하리라(요한복음 15:4)"라고 했다. 개역 개정 성경에서 "스스로"라고 번역한 것을 개역 한글 성경은 "절로"로 번역되어 있다. "절로"는 "저절로"라는 말이다. "저절로"보다 쉬운 것은 없다. 열매는 "저절로" 맺는 것이라고 성경은 분명히 말하고 있다. 열매는 "저절로" 맺는다. 억지로 맺는 것이 아니다. "저절로" 맺으면 쉽다. 모조품을 비슷하게 만들어 붙이려면 만들기도 어렵지만, 붙일 때 들킬까 봐 힘겹다. 진정한 믿음의 행함은 "저절로" 나와야 한다.

우리가 맺는 열매는 "저절로" 맺는 열매이다. 가지가 포도나무에 붙어있으면 저절로 열매를 맺게 된다. 열매를 맺는 방법을 연구해서 맺는 것이 아니라, 주님을 신뢰함으로 맺는 믿음의 열매이다. "저절로" 열매를 맺는다면 너무 쉬운 일이다. 믿음의 행함은 "저절로" 나오는 행함인 것이다.

3장

감격의 불을 사모하라

복음은 알아야 한다. 아는 복음에서 만족하면 안 된다. 가르칠 수 있는 복음이 되어야 한다. 단순히 가르치는 복음이 아니라 누리는 복음으로 가르칠 수 있어야 한다. 어떤 사람은 아는 것으로 가르치고 전도하기 때문에 능력이 없다. 누리는 복음이란 복음 때문에 행복하게 된 것을 말한다. 하나님을 사랑하면 행복해진다. 행복한 사람은 전하고 싶은 복음이 되고, 전하는 열정이 생겨 혼자 다 전할 수 없음을 알고 보내는 복음이 되는 것이다.

복음 때문에 행복해진 사람은 감격이 있다. 감격이 있는 사람은 복음의 능력을 발견한 사람이다. 복음의 조명이 밝아지면 깨달음은 감격을 준다.

감격이 없는 깨달음은 거짓이다. 감격이 없는 깨달음은 진정한 깨달음이 아니다. 감격을 만들어 내야 한다. 억지로 만들라는 말이 아니다. 복음은 저절로 올라오는 감격을 있게 한다.

감격이 올라오기까지 복음을 묵상하고, 고백해 보라. 감격이 올라올 때까지 믿음으로 주장해 보라. 감격이 될 때까지 복음을 주장하고 부르짖어 보라. 당신에게 감격의 불이 생길 것이다.

감격으로 고백하라

날마다 복음의 감격으로 산다면 당신 안에 잠재운 능력을 깨우는 일은 쉬울 것이다. 감격은 잠재운 성령의 능력을 깨우는 시계 벨 소리와 같다. 복음의 밝은 조명을 받게 되면 춤이 저절로 나오고, 사모함을 준다. 날마다 주님을 뵈옵고 쉴 새 없이 주고받는 사랑의 고백이 있게 된다.

아래 찬송 시를 적어 놓고, 고백하며, 많이 울었다. 읽고 또 읽고 엉엉 울었다. 며칠을 그랬던 것 같다. 이렇게 나는 주님과의 사랑 고백하는 것이 너무 좋다. 복음은 주님을 사모하게 만들어 준다.

아래 찬송 시에 누군가 영감의 곡조를 붙여 주어 많이 사람이 함께 고백할 수 있게 되었으면 좋겠다.

< 찬송 시 : 고백 >

1. 날 사랑해 오신 주님 그 모습 보네
   만 왕의 왕, 나의 신랑, 나의 하나님
   내 몸 성전 삼고 좌정하셨네

2. 추하고 더러워 앉을 수 없어
   몸 찢어 흘린 피로 닦아 내셨네
   내 몸 안에 좌정하셔 행복하시네

3. 임마누엘 약속하신 주님의 음성

　영원토록 사랑한다 고백하시며

　나의 고백 들으시며 감격하시네

<후렴>

　죽음으로 얻은 나를 보실 때마다

　사랑한다. 성한아, 난 널 사랑해

　자주 듣는 이 목소리 눈물이 나네

　저도 주님 사랑해요. 하늘땅만큼

　누가 더 사랑하나 내기를 하듯

　사랑의 고백은 끝나지 않네

감격의 불이 있는 사람

　이 책을 읽을 때 당신에게 복음의 조명이 밝아져 감격의 불이 붙을 것을 알고 있다. 감격의 불이 붙으면 무슨 일이든 쉬워진다. 복음 때문에 일어나는 감격은 능력이 발산되기 때문이다. 감사와 감격 없이 부르는 1,000명의 노래보다 감격으로 부르는 10명의 노래가 더 힘이 있다.

　감격의 불이 사도 바울을 덮었을 때, 전 세계를 누비며 다닐 수밖에 없었다. 매를 맞아도, 돌에 맞아도 꺼지지 않는 불이 될 수밖에 없었다.

복음의 사람은 오해를 받아도 꺼지지 않는 열정의 불, 감옥에 넣어도 꺼지지 않는 감격이 불을 가지게 된다. 당신도 복음의 조명이 더 밝아지면 더 감격이 있는 삶으로 인해 복음의 열정을 품고 살게 될 것이다. 복음을 가진 사람은 감격의 사람이다. 감격의 사람은 모든 일을 쉽게 한다. 목회도 쉬워진다. 복음 전하기도 쉬워진다. 감격의 불을 가진 사람은 다른 사람에게 불을 옮긴다. 복음을 가진 당신은 감격을 전달하는 사람이다.

온전한 복음을 발견한 후 나에게 감격의 불이 크게 붙었다. 이 불을 끌 자는 아무도 없다고 고백했던 것을 알 수 있다. "누가 그리스도의 사랑에서 끊으리오"라는 바울의 고백처럼 말이다(로마서 8:31-35 참고). 지금도 불을 더 붙이는 분이 계신다. 성령님이시다. 그 넓이와 깊이와 높이가 어떠함을 깨달으라고 했던 바울의 말씀처럼 복음의 불은 놀랍다. 주님이 질러 놓은 복음의 감격의 불은 꺼질 줄 모른다.

나에게 감격은 눈물이 되었다. 매일 울고 또 운다. 감격의 불은 감격의 눈물이 되어 흐르게 한다. 주님이 너무 좋아 눈물이 난다. 성령님께서 주시는 복음의 감격이 더 있게 해 달라고 눈물로 기도하곤 한다. "감격의 불에 성령의 기름을 더 부으소서. 새빨간 불덩어리가 되어 붉게 타오르도록 성령의 기름을 흠뻑 부어주옵소서". 나의 사랑, 나의 신랑이 붙여준 감격의 불 속에 나는 재가 되고 싶다.

복음의 도전을 계속하기 위해서는 열정이 필요하다. 열정이 없으면 도중에 포기하거나 주저앉아 버린다. 당신은 불을 선택할 수 있다. 당신은 이제 종교적인 억압에서 벗어나 예수께서 다 이루시고, 임마누엘 하셨음을 수용하고, 믿고, 인정하고 환영할 수 있다. 새로운 지식의 세계, 영적인 세계에서 새로 태어난 것을 받아들일 수 있다. 예수께서 십자가에서 이루어 놓으신 일은 누구도 바꿀 수 없다. 십자가를 지신 예수님으로 인해 자유를 얻은 자신을 보자. 주님이 만드신 자신을 인정하자. 스스로 도저히 도달할 수 없고, 상상할 수 없이 좋게 된 자신을 받아들이자.

이제는 열매를 맺으려 애쓰지 않아도 좋다. 저절로 열매가 맺힐 것이기 때문이다. 가지가 포도나무에 붙어있도록 접붙인 바 되었기 때문이다. 주님은 더 열매를 맺게 하려 하여 이미 깨끗하게 하셨기 때문이다. "너희는 내가 일러준 말로 이미 깨끗하여졌으니(요한복음 15:3)".

율법을 지킬 수 있다는 말에 속지 마라. 율법은 지킬 수 없다. 지키지 못했다고, 행함이 없었다고 한탄하지 마라. 율법이 육신으로 말미암아 연약하여서 할 수 없는 그것을 하신 예수를 믿어라. "율법이 육신으로 말미암아 연약하여 할 수 없는 그것을 하나님은 하시나니(로마서 8:3 상)". 율법을 완성하신 그분으로 인해 율법을 지킨 것으로 여겨 주시는 주님 때문에 감격의 불로 살자. 주님이 하신 것만 받아들이고 살면 된다. 감격을 만들며 살자. 감격은 힘의 근원이 된다. 예수 믿는 사람은 감격하는 사람이다. 당신의 감정을 그냥 버려두지 말고 복음으로 일으켜라. 복음은 감격의 불을 일으키는 능력이 있다. 발견하면 감격한다. 깨달으면 감격한다. 발견하라. 깨달아라.

어떻게 감격을 배울 수 있을까? 죄는 기회를 타서 감격을 앗아간다. 죄가 기회를 타서 행함으로 "지킬 수 있는데 못했다"라고 후회하게 만들고, 탄식만 하도록 속인다(로마서 7:11 참고). 이미 십자가에서 당신은 죽었다(로마서 6:1-11 참고). "행하지 못했다"라는 생각이 들더라도 그 생각에 묶이지 마라. 당신 안에서 죄의 법이 사로잡아 오는 것은 당연한 일이라고 바울은 가르치고 있다(로마서 7:23 참고). 바울은 '죄의 법이 사로잡아 오는 것은 정상이다'라고 한다.

바울은 죄의 법이 사로 잡아 오지만, 죄의 법에 집중하지 말고 하나님의 법에 집중하라고 한다. 육의 생각이 아닌 영의 생각에 집중하는 것이 믿음이다(로마서 8장 참고). 죄의 법에 사로잡혀 "마음으로는 하나님의 법을 육신으로는 죄의 법을 섬기(로마서 7:25 하)"지만 자신을 정죄하지 말라고 강조한다. "그러므로 이제 그리스도 예수 안에 있는 자에게는 결코 정죄함이 없나니(로마서 8:1)"라고 하면서 "이는 그리스도 예수 안에 있는 생명의 성령의 법이 죄와 사망의 법에서 너를 해방하였(로마서 8:2)"다고 한다.

믿음은 하나님의 일이다. 믿기만 하면 하나님의 일을 하는 것이다. 죄의 법이 사로잡는 육신의 생각은 고치려고 한다고 고쳐지는 것이 아니다. 영의 생각으로 바꾸는 연습을 해야 한다(로마서 8:6-7 참고). 아무리 죄의 법이 당신을 사로잡아와도 절대 당신을 정죄하며 좌절하지 말라고 한다(로마서 8:1 참고). 당신 스스로 정죄하지 않고 죄가 더한 곳에 은혜가 넘친다는 사실을 발견한다면 감격을 배우게 될 것이다.

바울같이 믿음이 좋은 사람도 마음으로는 하나님의 법을 육신으로는 죄의 법을 섬긴다고까지 고백했음을 잊지 말라. 육신을 따르지 않고, 영을 따르는 자가 되어야 한다. 무엇을 생각하며, 어디에 집중하느냐가 바른 믿음의 기준이 된다. 생각이 믿음이기 때문이다. 지금 당신의 생각이 어디에 있는가? 하나님께서 당신 안에 영원히 함께하시는 것을 믿는 하나님의 임재 속에 감격하는가? 임마누엘로 푹 잠긴 생각 속에 있는가? 당신은 그래야만 한다. 당신의 생각이 믿음이다. 지금 당신이 생각하고 있는 그것이 당신의 믿음이다. 좋지 않은 감정이 당신을 주장하지 못하게 하라. 믿음이 당신의 감정을 주장하게 하라.

"육신을 따르는 자는 육신의 일을, 영을 따르는 자는 영의 일을 생각하나니 육신의 생각은 사망이요 영의 생각은 생명과 평안이니라"

- 로마서 8:5~6

"육신의 생각은 사망이요 영의 생각은 생명과 평안이니라 육신의 생각은 하나님과 원수가 되나니 이는 하나님의 법에 굴복하지 아니할 뿐 아니라 할 수도 없음이라"

- 로마서 8:7

육신을 따르는 자는 육신의 생각을 한다. 육신의 생각은 하나님과 원수가 된다. 왜냐하면 육신의 생각은 하나님의 법에 굴복하지 않고, 또 할 수도 없기 때문이다(로마서 8:7 참고). 믿음을 가진다고 생각이 없어지는 것이 아니다. 이 땅을 살 동안에는 뇌에 저장된 지식과 정보와 삶의 습관은 그대로 남아 있기에 당신에게 육신의 생각, 즉 죄의 법이 사로잡아오는 것은 당연한 일이다. 예수를 믿어도 죄의 법이 사로 잡아 오는 것이 정상이라는 말이다. 나는 육신의 생각이 나를 사로잡아 올 때마다 믿음이 약해서 그런 줄 알았다. 또 죄의 법이 올라오지 못하도록 해야 하는 줄 알았다. 올라오는 죄의 법을 없애려고 노력을 많이 했다. 우리는 우리를 사로 잡아 오는 죄의 법을 없앨 수 없다. 모든 종교가 죄의 법을 없애는 수련을 하고 있다. 성경은 죄의 법이 사로잡아 오는 것이 당연하다고 말씀한다. 기독교는 수련하는 종교가 아니다. 예수께서 해 놓으신 일을 믿는 것이 기독교다. "하나님이 죄를 알지도 못하신 이를 우리를 대신하여 죄로 삼으신 것은 우리로 하여금 그 안에서 하나님의 의가 되게 하려 하심이라(고린도후서 5:21)"는 말씀처럼 '하나님의 의'가 된 당신을 믿는 것이 기독교인 것이다.

믿는 자에게도 죄의 법이 사로잡아오는 것이 정상적인 것을 아는 것은 바른 믿음을 갖게 하는 발판이 된다. 우리가 정보를 저장하고 있는 뇌를 가지고 있는 이상 이전에 정보화되어 있던 우리 머릿속에 저장되어있는 죄의 법은 항상 올라오게 되어 있다. 예수 믿는다고 죄가 바뀌는 것이 아니다. 그러기에 죄의 법이 나를 사로 잡아 오는 일이 있더라도 육의 생각에 집중하지 말고, 믿음으로 영의 생각을 하는 것이 믿음이라고 성경은 말씀한다.

강력한 영의 생각을 하려고 갈망하라. '하나님의 의'가 된 당신의 영을 인정하고 생각하라. 영이 진짜 당신이기 때문이다. 영이 혼을 가지고 있고 영이 육을 가지고 있다. 당신의 영이 온전한 영임을 알고 고백하면 감격의 불이 붙을 것이다. 감격의 불이 올라올 때까지 주장하고 기도하라. 반드시 복음의 조명이 뜨거운 감격의 불로 타오를 것이다. 복음은 당신을 감격의 사람으로, 영의 사람으로 만들어 놓기에 충분하다.

4장

신앙의 극치인 기도를 배워라

잠재운 성령의 능력을 복음으로 깨우는 길은 기도에 있다. 기도를 이해하는 것은 능력을 발견하는 길이 된다. 기도는 어려운 일이 아니며, 신나는 일이다. 기도는 하나님의 뜻을 선포하는 것이다. 기도는 항상 할 수 있는 하나님의 일, 믿음의 고백 그 자체다. 기도만 할 수 있다면 당신의 삶 속에 차가운 겨울을 종식 시키는 봄바람이 불 것이다.

기도의 불은 기도로 붙일 수 있다. 기도하면 기도의 불이 붙는다. 매일 한 시간 이상을 소리 내어 영으로 기도하자. 기도해보면 기도하는 것이 얼마나 좋은지 알 수 있다. 기도는 기도해 본 사람만이 알 수 있는 기쁨과 힘이 있다. 기도의 재미는 기도하는 사람만 알 수 있다. 기도에 기도할 때만 알 수 있는 설명할 수 없는 무엇이 있다. 예수님도 "힘쓰고 애써 더욱 간절히 기도"하심으로 십자가를 지시는 힘을 얻으셨다(누가복음 22:44 참고).

기도하는 사람은 실패가 없다. 기도를 아는 사람은 신앙의 극치에 도달한 사람이다. 기도할 수 있는 사람은 잠재운 성령의 능력을 복음으로 깨워 능력의 삶을 살게 된다.

에스겔을 통해 기도를 배우자

무조건 기도한다고 되는 것도, 당신의 능력으로 되는 것도 아니다. 자신을 하나님께 완전히 맡기고 육신의 생각을 포기하며 말씀을 인정하는 기도를 할 때 영의 세계는 열린다.

에스겔은 여호야긴 왕과 함께 바벨론에 포로로 잡혀갔다. 포로로 잡혀간 지 5년 후부터 22년간 바벨론에서 선지자로 일했다. 에스겔은 유다를 향한 하나님의 심판과 이방 나라들의 심판을 예언하는 동시에 바벨론 포로에서 귀환하여 회복될 것을 예언했다. 그는 환상을 통해 성전을 보았고 성전에서부터 생명수가 흘러나와 만물을 소생시키고 풍성하게 함을 보여 줌으로 구원받는 우리의 모습을 보여 주며 마무리한다. 멸망 당한 유다를 회복시킬 예언으로, 예수를 통해 이루실 일을 보여 주신 것이다.

그들이 열심히 해서 회복된 것이 아니었다. 하나님께서 하시겠다고 하시고는 하신 것이다. 유다는 스스로 회복할 능력이 없기에 하나님께서 하시겠다는 것이다. 유다 백성들이 스스로 고국으로 돌아간다는 것이 아니라 하나님께서 유다 백성을 고국으로 돌려보내겠다고 하신다. 하나님께서 그들에게 맑은 물을 뿌려서 정결케 하겠다고 하신다. 생각지도 못할 때 하나님께서 새 영을 너희 속에 두고, 새 마음을 주시겠다고 하신다. 하나님께서 굳은 마음을 제

거하고 부드러운 마음을 줄 것이라고 하신다. 생각지도 않을 때 하나님의 영을 주셔서 그들이 율법을 행하도록 하시겠단다. 하나님께서 내가 준 땅에 거주하게 하겠고, 계명을 지키게 하겠다고 하신다. 에스겔 36장의 이야기가 그렇다.

유다는 하나님의 법도를 지킬 수 없어서 멸망했다. 유다가 멸망한 것은 그 당시에 하나님의 법도를 지키지 못해 멸망한 것이 아니다. 그들은 인간이 타락한 이후부터, 즉 본래 하나님의 법도를 지킬 수 있는 능력을 상실했다. 인간이 타락한 이후 모든 것을 잃어버려 조금도 순종할 능력이 없게 되었다. 이러한 그들에게 새 영을 주시고, 부드러운 마음을 주셔서 그들의 힘이 아닌, 하나님의 힘으로 하나님의 법도를 하나님께서 지키도록 해 주겠다고 하신 것이다. 하나님께서 하시겠단다. 하나님의 주권적 구원이다. 믿음은 하나님의 주권을 첨삭 없이 그대로 받아들이는 것이다. 하나님의 구원 계획에 설득당하는 것이 믿음이다.

주권적인 하나님의 일을 그대로 믿고, 주장하고 선포하고, 말하는 것이 기도임을 가르치는 것이 에스겔서 36장이다. "주 여호와께서 이같이 말씀하셨느니라 그래도 이스라엘 족속이 이같이 자기들에게 이루어 주기를 내게 구하여야 할지라(에스겔 36:37 상)"라고 하신 것은 이미 말씀하신 하나님의 뜻을 말하는 기도를 하라는 것이다. 기도는 하나님께서 하시고 싶으신 하나님의 계획, 즉 이미 성취된 하나님의 미음을 나의 입술로 고백하며 선포하며 인정하는 것이다. 하나님의 주권과 하나님의 성취된 계획을 말하고 선포하고 감사하며 하나님과 교제하는 것이 기도임을 알 수 있다.

우리가 드리는 기도 제목이 하나님의 뜻이라는 생각이 분명히 든다면 담대히 선포하라. 이미 응답이 와 있기 때문이다. 기도는 하나님의 뜻을 말하는 것이다.

에스겔 37장에서 마른 뼈가 살아나고, 47장에서는 예루살렘 성전에서 생명수가 흘러나오는 것이 하나님의 뜻이고, 구원받은 유다의 모습이고 우리의 모습이다.

그리스도의 신부인 유다로부터 생명수가 흘러나오게 하겠다는 하나님의 구원 계획이다. 주님이 그렇게 하시겠다는 하나님의 뜻이다. '그래도 기도하여야 한다'라고 말씀하신 것은 우리에게 기도가 무엇이고 어떻게 기도해야 할지를 가르쳐 주신 말씀이다.

우리가 한 일이 아무것도 없는데 주께서 다 이루신 후 주의 일에 동역하도록 그냥 자리를 내어주시는 것이 기도다. 다 이루신 일, 하나님의 뜻을 선포하는 숟가락만 올리는 것이 기도다. 주님의 뜻을 주장하고 선포하는 것이 기도다. 이미 성취하신 주님의 일을 주장하는 것이 기도요, 당신에게 주어진 하나님의 의를 감격하며 성취하신 임마누엘을 선포하는 것이 기도다. 그렇게 기도하면 힘이 생길 수밖에 없다. 이미 주신 것을 믿고 기도한다면 소망과 열정이 생겨 낙심하지 않고 끝까지 사명을 감당할 수 있게 된다. 쉬지 말고 기도할 수 있는 것은 하나님께서 히신 것을 볼 수 있는 영의 생각과 마음의 눈을 열렸기 때문에 가능한 일이다.

예수께서 십자가와 부활을 통해 이루신 일을 주장하는 것이 기도다. 임마누엘을 선포하고 기도하면 사탄은 떠나가고 기쁨이 생기고 감사가 생길 수밖에 없다. 하나님은 눈으로 보이지 않는 세계를 기도를 통해 보며, 상상하며, 감사하기를 원하신다. 기도 시간은 하나님께서 하신 일과 하실 일을 그림으로 그리며 감격하는 시간이다. 하나님의 뜻은 기도를 통해 나타나며, 기도를 통해 모든 일이 마무리된다.

성령께서는 어떤 좋은 계획이나 방법에 부어 주시는 것이 아니다. 성령께서는 기도하는 사람에게 부어진다. 기도하는 시간은 하나님의 일을 고백하는 시간이다. 기도 시간은 믿음을 고백하는 시간이다. 말씀이 그대로 이루어지는 상상이 감격으로 터져 오르는 기도를 해야 한다. 성령께서 역사하시는 기도를 하면 능력이 발견된다. 기도를 통해 생긴 흥분은 당신이 들어가는 장소마다 성령의 역사가 일어나 천사들이 바빠지게 될 것이다. 기도는 하나님의 뜻을 묵상하는 시간이다. 마음으로 믿는 것이 입술로 터져 읊조리게 되는 감격의 시간이다. 묵상은 가만히 앉아 생각만 하는 시간이 아니다. 묵상은 이미 이루신 것을 상상하며 감사하며 감격하다가 터져 오르는 말을 선포하는 시간이다.

당신 안에 잠재운 성령의 능력이 기도로 깨어나게 하라. 손만 내밀어도 하나님의 역사하심이 있을 것 같다는 생각이 생기기까지 기도하고 하나님의 뜻을 주장하라. 기도하면 능력이 발견된다. 당신이 악수만 해도 놀라운 일이 일어나는 경우를 보게 될 것이다.

성령님은 기도하게 하신다

"그래도 이스라엘 족속이 이같이 자기들에게 이루어 주기를 내게 구하여야 할지라(에스겔 36:37)"라고 하셨다. 하나님의 계획이 이미 이루어진 것을 기도를 통해 이루시겠다고 하신다.

기도는 성령님의 도움으로 하나님께서 이루실 일을 말하는 것이다. 기도는 성령님께서 우리에게 생각나게 하셔서 기도하게 하시는 하나님의 일이다. 기도하는 것은 성령의 인도다. 기도해야겠다는 마음이 생긴다면 성령께서 주시는 마음이다. 거부하지 말고 적극적으로 동역해야 한다. 매일 열정적으로 1시간 이상 영으로 기도하는 시간을 가져 보라. 엄청난 일이 있을 것이다.

성령님의 음성에 예민 하려고 해야 한다. 성령님은 방법 위에 역사하시는 것이 아니라 기도하는 사람 위에 역사하셔서 하나님의 일을 하게 하신다. 기도 없이는 하나님의 일이 성취되지 않는다. 하나님의 계획은 기도를 통해 이루어진다. 성령님은 기도를 통해 주님의 뜻을 이루어 가신다.

하나님께서 혼자 하시면 되실 텐데 "그래도… 이같이… 구하여야 할지라(에스겔 36:37)"라고 하시며 우리와 함께 일하시는 것이 하나님의 뜻이다. 성령님은 기도하게 하신다. 기도하면 마음에 봄바람이 분다. 얼었던 것들이 녹아내린다. 기도하면 흥분이 일어난다. 왜냐하면, 이미 주신 것을 주장하며 감사하기 때문에 감격이 일어난다.

예레미야 33장 3절도 마찬가지다. "너는 내게 부르짖으라 내가 네게 응답하겠고 네가 알지 못하는 크고 은밀한 일을 네게 보이리라(예레미야 33:3)"라고 하신 말씀을 우리는 잘 알고 있다. 이 말씀도 무조건 부르짖으라고 하신 것이 아니다. 예레미야서는 유다와 이방 나라의 멸망을 예언한 성경이다. 유다의 멸망과 이방인의 멸망은 다르다. 유다의 멸망은 멸망을 위함이 아니라 회복을 위한 멸망이다. 하나님께서 에덴에서 인간을 완전히 멸망시키지 않으시고, 내쫓으심은 다시 구원하시기 위함이듯 말이다.

예레미야 30장부터 33장까지는 회복에 대한 약속이 집중되어 있다. 하나님께서 스스로 하실 회복의 약속을 마무리하면서 하나님께서 하시지만 너는 내게 부르짖으라고 말씀하고 계신다는 것을 염두에 두어야 한다. 그냥 부르짖음이 아니다. 이미 약속하신 앞의 내용을 가지고 부르짖으라는 것이다. 기도는 내가 말을 만드는 것이 아니다. 약속하신 하나님의 뜻을 선포하는 것이고, 기도하는 자신에게 하나님의 약속을 각인시키는 시간이다. 성령께서는 이러한 하나님의 약속을 기억나게 하셔서 기도하게 하신다. 기도는 기도하는 본인에게 말씀의 확신을 주고, 능력의 사람이 되게 한다. 성령께서 기도하는 자에게 말씀을 분명히 알려 주는 것이 기도다.

귀신을 쫓아내고, 병을 고치는 권능을 주신 다음에도 기도하라고 하신다. 그래야 영의 생각을 하게 되고 믿음이 생기기 때문이다. "기도 외에 다른 것으로는 이런 종류가 나갈 수 없느니라(마가복음 9:29)"라고 하셨다. 제자들은 "제자들이 나가서 회개하라 전파하고 많은 귀신을 쫓아내며 많은 병자에게 기름을 발라 고치더라(마가복음 6:13)"라고 했다. 제자들은 이미 권세를 받았다. 그런데 예수님은 "기도 외에 다른 것으로는 이런 종류가 나갈 수 없느니라(마가복음 9:29)"라고 하시면서 기도할 때만이 믿음이 생긴다고 말씀하신 것이다. 당신의 생각이 바뀌고, 믿음으로 당신 안에 잠재운 성령의 능력을 깨우는 방법은 기도에 있다.

"그러므로 내가 너희에게 말하노니 무엇이든지 기도하고 구하는 것은 받은 줄로 믿으라 그리하면 너희에게 그대로 되리라(마가복음 11:24)"라고 하신 말씀대로 당신은 구한 것을 받은 줄로 믿을 수 있는가? 기도하면 당신의 생각은 영의 생각을 쉽게 할 수 있는 능력이 생긴다. 기도하면 믿어진다. 영의 생각이 증폭되고 확신이 올 때까지 기도해보라.

동시에 자신에게도 이야기해 주라. "성한아, 너와 하나님께서 함께하신다. 염려하지 마."라고 말해 줘라. "나는 답답한 일이 있어도 하나님을 절대적으로 믿어. 염려하지 않을 거야"라고 대답도 해 보라. "그래, 나는 하나님께서 함께하시는 것 믿어. 나는 염려 안 해. 염려한다고 키가 한 자나 더 커지겠느냐는 말씀을 기억해."라고 말하며 "주님, 주님을 의뢰합니다"라는 기도해보라. 반복해서 자신에게도 선포하며 말해 보라. 힘이 생기고 확신이 생기도록 성령께서 도우실 것이다.

5장

힘이 생기는 기도를 하라

포로로 살던 에스겔은 고국의 암울한 현장을 보면서 절망이 밀려왔다. 희망이라곤 아무 곳에도 찾을 수 없었던 그때 기도의 큰 희망이 생기게 되었다. 하나님께서 이루어 놓으신 회복을 감사하며 감격으로 선포하는 기도였다. 회복될 나라가 하나님의 뜻이기에 이미 이루신 것을 선포하는 그의 기도는 1분을 기도해도 힘이 생기는 기도였다. 1분을 기도하더라도 힘이 생기는 기도를 해야 한다. 기도만 한다면 힘이 생길 것이다.

기도만 하면 봄바람이 분다. 기도하면 힘이 난다.

1분을 기도해도 힘 생기는 기도를 하라

"10억 원을 신용 대출해 드리겠습니다"라는 은행 직원의 말에 나는 깜짝 놀라 대답했다. "예에? 저는 신용 등급이 낮습니다. 그런데 그게 가능한 일입니까?"라는 대화를 하면서 심장이 멈추는 줄 알았다.

어떤 상황에서라도 하나님의 뜻을 분별하며, 주장하며 하나님께 아뢰어 보라. 하나님의 말씀을 주장할수록 확신이 생길 것인데 확신이 생기지 않는다면 확신이 생길 때까지 포기하지 말고 계속 주장하는 기도를 해 보라. 하나님의 말씀을 당신 자신에게도 이야기해 주며 확신이 생길 때까지 주장해 보라. 수십 번 또는 수백 번을 이야기해도 좋다. 어떤 상황이든지 임마누엘의 약속을 붙잡고 말씀을 주장하며 하나님께 올려 드려라. 마음에 감동이 생기고 확신이 생길 때까지 반복해서 기도하라. 기도하는 당신에게 분명히 힘이 생기고 담대해지고 확신이 생길 것이다.

예배당 건축하면서 10억이라는 적지 않은 재정을 처리해야 하는데 난감했지만, 예배당을 지어야 하는 것이 하나님의 뜻이라고 믿어졌다. "주님, 저는 재물보다 하나님이 더 크심을 믿습니다."라고 반복해서 고백하며 나 자신에게도 이야기했다. "성한아, 너는 하나님을 믿는 자야." 나는 스스로 대답했다. "그래 나는 하나님을 믿어. 나는 하나님을 의뢰해."라고 반복해서 고백하며 주장했다. "공중 나는 새를 보라고 하셨지요. 염려하지 말라고 하셨지요."라고 주장하며 나 자신에게도 반복해서 설명해주었다. 마태복음 6장을 펴 놓고 기도하기도 했다. "'들에 백합화가 어떻게 자라는지 생각하여 보라'고 하셨네요. 그렇게 하겠습니다'라고 반복해 기도하고 나 자신에게도 그렇게 말해 주는 일을 계속했다. "주님, 그렇습니다. '공중의 새도 들의 백합화도 입히시는데 하물며 너희일까 보냐'라고 하시니 감사합니다." 반복해서 기도하다가 나에게 또 이야기하고 이야기했다. "공중의 새도 입히시고 들의 백합화도 길쌈도 수고도 하지 않아도 입히시는데 오성한 너는 염려할 것 없어. 하나님의 정확한 인도가 너에게 있어."라고 나 자신에게 말해 주었다. 그러나 아무 일도 일어나지 않았고, 막막하긴 마찬가지였지만 이상한 것은 그런 와중에도 염려가 되지 않는 것이 신기하기만 했다.

교회는 일 금융권 대출이 어렵다고 들었다. 인근에 있는 대형교회도 교회당을 지을 때 일 금융권을 이용할 수 없었다는 말을 들었기 때문이다. 그런데 종교부지를 매입할 당시 일 금융권 은행에서 기적 같은 일이 일어났다. 은행장으로 계신 분이 장로님이셨고 은행장님과 첫 대면에 "목사님, 웅천교회 소문을 들었습니다"라고 하시며, 우리 교회를 칭찬하시더니 저를 만나게 된 것이 복이라며 기뻐하는 것이었다. "제가 발 벗고 나서서 이렇게 부흥하는 교회는 대출해줘야지요."라고 하시는 것이었다. 은행장 장로님은 대출 심사를 할 때 웅천교회는 안정적인 교회리고 적극적으로 심사 위원들을 설득했다고 하셨다. 이렇게 일 금융권 은행에서 아주 쉽게 최대한의 한계까지 대출을 받게 되었다. 참 감사한 일이었다. 그런데 가지고 있던 교회 소유의 부동산 매각이 빨리 진행이 되지 않아 자금의 어려움이 생겨 10억이 더 필요한 상태가 되었고 설상가상으로 이용하던 은행의 은행장 장로님은 다른 곳으로 발령되었고, 대출 한도가 찼기 때문에 더 대출할 수 없다는 통보만 온 상태였다. 그런 상황이 되다 보니 답답하고 막막했지만 기도하니 이상하리만큼 마음에 평안함이 오는 것이었다. 염려가 몰려올 때도 있긴 했지만, 무언가 하나님의 인도가 분명히 있다는 생각이 들었다.

대출계 차장을 만나 형편 이야기를 했지만, 대출이 어렵다는 대답만 돌아왔다. 며칠 후 다시 문의했다. 또 불가능하다는 이야기뿐이었다. 세 번째 담당자를 찾아가 부탁을 했더니 뜻밖의 대답을 한다. "목사님, 다음에 다시 한번 와 보십시오"라는 희망의 말을 하는 것이었다. 네 번째 찾아갔더니 담당 차장의 기적 같은 말을 했다. "담보할 것이 없으니, 목사님을 믿고 신용대출을 해 주겠습니다."라는 것이었다. 더 놀라운 일은 10억을 한꺼번에 빌려 가면 이자도 많으니 한꺼번에 빌려 가지 말고, 필요할 때마다 분할 대출을 해 가라는 것이었다. 생각지도 못한 더 좋은 조건이었다. 한꺼번에 빌려 오면 이자를 다 주어야 하지만 필요한 만큼을 몇 개월 동안 나누어 빌려 오면 그만큼 이익이었다. 너무 감사했다. 은행에서 이런 일이 잘 없는 일이라고 했다.

대출 금액의 80% 정도를 사용한 어느 날, 은행 윗선에서 허락 사인까지 했던 당사자가 담당자에게 이런 위험한 일을 저질렀다고 심한 추궁을 한 것이다. 대출을 도와주었던 차장의 기분이 많이 상해 있었다. 나는 말했다. "차장님, 절대 우리 교회가 실수하지 않을 테니 걱정하지 마십시오. 은행도 장사하는 것 아닙니까? 손해 끼치지 않고 빨리 해결할 테니 염려하지 마십시오."라고 위로했다. 지금 생각해도 놀라운 기적과 같은 대출이었다.

기도해보라. 약속을 붙잡고 주장하며 감사로 기도하며, 자신에게도 말해 주는 일을 한다면 1분 만에도 힘을 얻을 것이다.

예수님께서는 항상 기도하지 않고 쉽게 낙망하는 줄 아시고 '항상 기도하고 낙망치 말아야 할 것을 비유로 말씀'하셨다(누가복음 18:1 참고).

우리는 너무 자주 그리고 쉽게 낙망한다. 기도하다가도 응답이 없는 것 같다 싶으면 낙망해 버린다. 응답이 없는 것처럼 보일 때 어떻게 해야 할까? 오히려 더 기도해야 하는 것이 아닌가? 받은 줄 믿어지기까지 더 주장하고 자신에게 설득해야 한다. 하나님께서 반드시 듣고 계시고, 알고 계신다. 합력하여 선을 이루시는 분임에 틀림이 없다. 어려워 보일수록 더 믿음을 가져야 하고 믿음을 무너뜨리는 마귀의 속임수에 속지 말아야 한다. 반복해서 영으로 기도하고 마음으로 기도하는 일을 수시로 할 수 있다면 힘이 생길 것이다. 영으로 기도하고 마음으로 기도하는 일을 지속한다면 마귀가 알아서 도망가는 일이 생길 것이다. 임마누엘을 주장하고 자신에게도 임마누엘의 사람임을 계속 알려 줄 때 기사와 표적이 믿음으로 일어남을 보게 될 것이다.

2판 4판 기도와 막구이구 기도

누가복음 22장 44절을 '누가 이판사판으로 기도할 수 있는가?'라고 암송했다. "예수께서 힘쓰고 애써 더욱 간절히 기도하시니 땀이 땅에 떨어지는 핏방울같이 되더라"(누가복음 22:44). 예수님께서 이판사판으로 기도하셨음을 볼 수 있다. 예수님처럼 힘쓰고 애써 더욱 간절히 기도하는 사람을 찾기가 힘든 시대이지만 힘쓰고 애써 더욱 간절히 기도하는 기도의 사람이 된다면 복된 사람임이 틀림없다. 말씀과 기도로 거룩해진다고 하셨다.

마가복음 9장 29절을 나는 '막구이구 기도'라고 부른다. "기도 외에는 이런 종류가 나갈 수 없다(마가복음 9:29 참조)"라고 했다. 기도의 문은 기도로 열어야 한다. 기도해야 기도의 불이 붙는다. 책을 읽으면서 영으로 기도하며 읽는 연습을 해 보라. 책을 읽으며 영으로 기도하는 것이 처음에는 어렵게 느낄 수 있지만 좋은 기도의 방법이다. 주변 상황이 허락된다면 소리 내어 영으로 기도하며 독서 하는 습관을 훈련해 보라. 하나님의 임재와 영광을 맛보게 될 것이다.

요한계시록의 일곱 인재앙과 나팔 재앙과 대접 재앙이 열리고 부어질 때마다 기도를 통해 진행됨을 볼 수 있다. 요한계시록 5장에 일곱 인을 떼기 전에 금향로에 담긴 향인 성도들의 기도가 올려진 다음 인이 떼어진다. 요한계시록 8장에서도 기도를 상징하는 금향로가 나온 다음에 나팔을 분다. 대접 재앙이 나오는 요한계시록 15장과 16장에서도 성도의 기도의 대접이 부어지는 것이 대접 재앙이라는 것을 알 수 있다. 이렇게 하나님의 계획하신 뜻은 성도의 기도 후에 이루어지고 기도하는 사람에게 주신다는 것이다.

힘쓰고 애써 더욱 간절히 이판사판으로 기도하려면 기도를 시작하고 지속 반복하여 기도하는 습관을 만들면 기도하는 재미 속에 이판사판으로 기도하는 문이 열릴 것이다.

기도하고 구한 것을 받은 줄로 믿는 막구이구의 말씀이 사실임을 믿고 기도하자. 하루에 한 시간 이상 기도하는 일을 시작해 보라. 왜 이렇게 기도하지 않았을까 하는 후회가 생길 정도로 재미가 있고 신바람이 생길 것이다. 성령께서 기도하는 당신을 기뻐하시며 기도하는 당신을 적극적으로 도우실 것이다.

"이르시되 기도 외에 다른 것으로는 이런 종류가 나갈 수 없느니라 하시니라"

- 마가복음 9:29

6장

권위 아래 순종하라

"한 사람이 순종하지 아니함으로 많은 사람이 죄인 된 것같이 한 사람이 순종하심으로 많은 사람이 의인이 되리라(로마서 5:19)." 예수님은 하나님께 순종하셨고, 하나님께서 주신 권위에 순종하셨다는 것을 기억하자. 주어진 권위 아래 순종하는 것은 성령님을 인정하는 일이며 하나님의 뜻을 온전히 이루는 길이다.

당신이 순종할 수 있는 담임목사가 있다면 당신은 행복한 사람이다. 신앙생활을 하면서 담임목사의 생각과 다른 각을 세우는 사람이 있는데, 그 사람만큼 불쌍한 사람은 없다. 담임목사의 생각에 무관심한 신앙생활을 하는 것도 안타까운 일이다.

복음을 위해 다른 사람과 연합할 줄 알고 담임목사의 권위 아래 온전히 들어갈 줄아는 사람은 복된 사람이다. 한 번뿐인 인생을 복된 인생이 되게 하라. 평생을 담임목사와 함께할 수 있고 서로 목숨을 걸 수 있는 사이가 된다면 복음을 위해 최고의 생이 되어 최고의 축복과 유산을 물려주게 될 것이다.

담임목사를 위해 목숨을 걸게 된다면 담임목사도 당신을 위해 목숨을 걸게 될 것이다. 내가 먼저 목숨을 걸면 그 사람도 나를 위해 목숨 걸 것이라고 믿는다. 나는 이런 멋진 삶에 도전장을 내기로 했다. 그렇게 결단하길 바란다. 복음을 위해 한 번뿐인 생을 담임목사와 함께 생명 건 헌신을 할 수 있다면 얼마나 좋은 일이겠는가? 복음을 위해 불태우는 생이 된다면 하나님 앞에 잘했다고 칭찬 듣는 충성스러운 종이 될 것이 틀림없고 성령의 역사는 놀랍게 나타날 것이다.

보지 않고는

"아들이 아버지께서 하시는 일을 보지 않고는 아무것도 스스로 할 수 없나니 아버지께서 행하시는 그것을 아들도 그와 같이 행하느니라(요한복음 5:19)"라고 하셨다. 예수님은 "아버지의 하시는 일을 보지 않고는" 아무것도 스스로 하시지 않으셨다는 것을 기억하자. 우리도 그리해야 한다. 어떤 일도 스스로 하려고 해서는 절대 안 된다.

"아버지의 하시는 일"을 어떻게 볼 수 있는가? "하나님이 자기를 사랑하는 자들을 위하여 예비하신 모든 것은 눈으로 보지 못하고 귀로 듣지 못하고 사람의 마음으로 생각하지도 못하였다 함과 같으니라 오직 하나님이 성령으로 이것을 우리에게 보이셨으니 성령은 모든 것 곧 하나님의 깊은 것까지도 통달하시느니라(고린도전서 2:9-10)"라고 하셨다. 성령으로 "우리에게 보이셨으니"라고 하셨다. 이미 성령으로 보이셨다고 말씀하신다. 보이셨다고 하는데 못 보았다고 한다면 성경을 부정하는 것이고 하나님이 거짓말하신 것이 된다. 그렇게 말하지 마라. 당신은 분명히 보았다. 성경은 오류가 없다는 것을 우리는 알고 있다. 일단 이해가 안 되어도 믿으라. "우리가 주목하는 것은 보이는 것이 아니요 보이지 않는 것이니 보이는 것은 잠깐이요 보이지 않는 것은 영원함이라(고린도후서 4:18)"

인간은 영적 존재다. 영은 믿음으로 받아들일 수 있다. 믿음으로 영에 이루어진 것을 받아들이는 훈련을 해야 한다. 대부분 육적인 감각에만 훈련되어 있어 땅의 영역에서 보고 감지하는 것에만 익숙하다. 얼마나 제한적인 삶인가? 육적 감각의 한계 속에서만 보고 살지 마라. 성령께서는 육으로 이해할 수 없는 영역이 있다. "하나님이 말씀하시기를 말세에 내가 내 영을 모든 육체에 부어 주리니 너희의 자녀들은 예언할 것이요 너희의 젊은이들은 환상을 보고 너희의 늙은이들은 꿈을 꾸리라(사도행전 2:17)." 환상을 본다는 것은 보통 사람이 볼 수 없는 것을 보는 능력을 말한다. 영으로 보는 능력 곧 믿음으로 볼 수 있다. 당신은 육으로 볼 수 없는 영역을 볼 수 있다.

모든 사람이 골리앗을 두려워할 때 어린 다윗은 골리앗을 쓰러뜨릴 수 있다고 확신했다. 어떻게 그럴 수 있었을까? 다윗은 골리앗을 볼 때 하나님의 뜻을 생각했다. 골리앗은 이스라엘의 군대를 이길 수 없는 사람으로 보였다. "다윗이 곁에 서 있는 사람들에게 말하여 이르되 이 블레셋 사람을 죽여 이스라엘의 치욕을 제거하는 사람에게는 어떠한 대우를 하겠느냐 이 할례 받지 않은 블레셋 사람이 누구이기에 살아 계시는 하나님의 군대를 모욕하겠느냐(사무엘상 17:26)"라고 했다. 다윗은 다른 사람들이 볼 수 없는 눈, 하나님께서 보시는 눈으로 골리앗을 보았다. 우리는 보이는 것만 보는 사람이 아니다.

믿음으로 출발하는 습관이 필요하다. 하나님께서 예비하신 모든 것을 보여 주신 것을 믿고 접근해야 한다. 하나님의 역사가 이미 일어났음을 믿고 육의 눈에 볼 수 있도록 나타나길 갈망하게 한다. 보여 주셨기 때문에 사실로 나타날 것을 알고 일어날 수 있도록 행동하면 된다. 우리는 더 얻으려고 할 필요가 없다. 이미 주신 것을 발견하고, 계발하면 되는 것이다. 믿음으로 보여 주신 것들을 보라. 보여 주셨다고 성경은 말씀한다. 볼 수 있어야 행할 수 있다. 말씀대로 뚜렷한 그림을 그려야 한다.

예수님은 "아버지의 하시는 일"을 보시고 그대로 따라 하셨다. 그렇다면 우리는 어떻게 볼 수 있을까? 쉽게 볼 수 있다. 예수님께서 하신 일을 보면 보인다. 예수님께서 하신 일은 "아버지의 하시는 일"을 보고 하신 일이다. 그러므로 예수님을 따라 하는 것이 "아버지의 하시는 일"을 따라 하는 것이다. 사복음서의 예수님의 사역을 그대로 따라 하면 되는 것이다.

'사복음서를 300 독 읽으라'는 마음의 음성을 듣고 300 독을 읽은 적이 있는데 이때 발견한 단어가 "소문"이다. 예수님은 소문으로 사역하셨다. "예수의 소문을 듣고" "예수의 소문이 널리 퍼지니라" 등 소문에 대한 말씀이 많이 있다. 예수님은 소문 목회를 하신 분이다. 큰 무리가 모일 수 있었던 것은 소문 때문이었다. 우리도 "소문" 나게 해 달라는 기도를 하자. 예수 믿지 않는 사람들이 예수의 이름의 권세를 가진 자의 소문이 들려져야 한다. 소문날 수밖에 없는 사역을 예수님처럼 해야 한다.

예수님의 사역은 자신이 생각한 것으로 하신 사역이 아니었다. 하나님의 뜻을 받들어서 하시는 사역이었다. 하나님의 뜻, 하나님의 권위를 인정하며 그 아래서 사역하셨다. 우리도 예수님의 사역을 따라 그대로 해야 한다. 그것이 겸손이고 권위 아래 복종하는 자세다. 예수께서 하신 일을 하고 예수께서 하신 일보다 더 큰 일을 할 것이라고 하셨다(요한복음 14:12 참조).

권위 아래 순종하라

예수님은 권위에 순종하며 사역을 시작하셨다. 예수님께서 사역을 시작하실 때 제일 먼저 하신 일이 세례요한의 권위 아래 들어가셨다. 만왕의 왕이신 분이 피조물인 세례요한의 권위 아래 들어가서서 세례를 받으셨다는 것은 놀라운 일이다. 하나님께서 세우신 지도자를 인정하는 모범을 보여 주셨다는 것을 볼 수 있다. 아무리 큰 사역을 한다고 하더라도 지도자에게 순종하지 않으면 혼란을 가져올 뿐이다. 순종에서 이탈하게 만드는 교묘한 사탄의 역사에 속지 말아야 한다. 예수님처럼 우리도 하나님께서 세우신 권위를 인정하며 권위 아래 들어가서 사역할 줄 알아야 한다. 하나님은 세우신 지도자를 통해 일을 펼쳐 가신다.

당신은 지도자다. 지도자는 일군이다. 좋은 일군 되기를 간절히 사모하자. 지도자는 지도력이 있어야 하는데 지도력은 작은 일에 관심을 가지며 무슨 일을 하더라도 적극적인 마음으로 책임을 지고 권위 아래 순종할 줄 아는 사람이다. 예배당에 떨어진 휴지 하나에도 관심을 가지고 줍는 자가 지도자가 될 수 있다. 하나님 나라의 일군이 되기 위해서는 하나님 나라에 관심을 두고 서로 연합하며 권위 아래 순종하는 자가 되어야 한다. 하나님의 일군은 하나님의 뜻을 땅에 끌어내리는 자이다. 예수께서 하신 하늘의 일에 집중하며 예수님처럼 하려고 하는 자가 지도자라는 말이다.

사탄은 권위 아래 순종하지 못하도록 하여 사탄에게 소속된 자로 만들어 버린다. 사탄에게 권위를 우리 스스로가 내어주지 않으면 사탄은 우리에게 힘을 발휘하지 못하지만, 우리가 사탄에게 기회를 주고, 힘을 실어 주면 엄청난 힘으로 우리를 장악하고, 복음 증거를 방해한다. 그래서 "자기를 부인하고 자기 십자가를 지고 나를 따르라"라고 하셨다. "세상을 부인하고"라고 한 것이 아니다. "사탄을 부인하고"라고 하지 않았다. 자기 생각을 부인하고, 주님 주신 생각 즉, 십자가에서 이루어 놓으신 놀라운 복음을 바라보며 감격과 감사로 주님을 따르라고 하신다. 자신을 보지 않고 십자가를 바라보는 사람은 겸손한 사람이다. 십자가를 바라보는 사람은 하나님께서 세우신 지도자에게 순종할 수 있는 지도자가 된다. 십자가를 바라보는 사람은 임마누엘을 믿기 때문이다.

예수님은 갑자기 나타나서서 리더의 자리에 올라가신 것이 아니다. 요한이 이 땅에 리더로서 살아있을 동안에는 그를 인정해 주셨다. 그의 권위 아래 들어가셨다. 예수께서는 세례요한에게 허락하신 리더의 기름 부음을 그대로 이어받길 원하셨다.

요한은 놀라서 "요한이 말려 이르되 내가 당신에게서 세례를 받아야 할 터인데 당신이 내게로 오시나이까(마태복음 3:14)"라고 말했다. 요한은 자신을 알았다. 예수님이 자신보다 높은 분이심을 알았기 때문에 한 말이다. 그때 예수님께서 하신 말씀을 보라. "이제 허락하라 우리가 이처럼 하여 모든 의를 이루는 것이 합당하니라 하시니 이에 요한이 허락하는지라(마태복음 3:15)"라고 기록한다.

세우신 리더의 권위 아래 들어가는 것이 모든 의를 이루는 것이고, 하나님의 일을 이어가시는 길임을 알고 권위 아래 순종하신 예수님의 모습을 보고 우리도 따라가야 한다.

교회에서 좋은 일군이 되는 방법은 간단하다. 담임목사가 전달하는 것을 그대로 하려고 하면 된다. 다른 계산 없이 즉시 따라 하려고 하는 것은 좋은 리더의 자세이다. 담임목사에게 목숨 건 성도가 된다면 이보다 더 행복한 성도는 없을 것이다. 목숨 건다는 말은 담임목사를 사랑한다는 말이다. 사랑하는 사람은 실수나 부족이 있을 때 떠벌리지 않는다. 이 사람은 행복이 넘치는 삶을 살 수밖에 없을 것이다.

"예수께서 세례를 받으시고 곧 물에서 올라오실 새 하늘이 열리고 하나님의 성령이 비둘기같이 내려 자기 위에 임하심을 보시더니(마태복음 3:16)"의 결과는 우연히 일어난 일이 아니다. 하나님이 세우신 세례요한의 리더의 기름부음 아래 들어갈 때 하나님은 기뻐하셨다는 말씀이다. "하늘로부터 소리가 있어 말씀하시되 이는 내 사랑하는 아들이요 내 기뻐하는 자라 하시니라(마태복음 3:17)"라고 하셨다. 하나님은 하나님께서 세우신 세례요한의 권위 아래 순종하시는 예수님의 모습에 만족하셨다.

예수님의 세례 받으심은 십자가에 죽음을 결단하시고, 순종하신 순종이다. 엄청난 하나님의 계획을 이루실 때 하나님께서는 세우신 권위 아래 순종으로 시작하셨다. 하나님께서는 스스로 세례 요한에게 주셨던 권위를 존중하시고 그 아래 순종하셨다. 그 권위 아래로 들어가셨을 때 하늘 문이 열렸다.

쉽게 놓칠 수 있는 것이 권위 아래 순종하는 것이다. 일할 때 일이 잘되고 사람이 많이 따를 때 조심해야 한다. 세우신 권위에서 벗어나기가 쉽기 때문이다. 그것은 마귀의 속임수다. 가장 기초가 되는 일은 하나님께서 세우신 권위에 순종하는 일이다. 권위에 순종할 때 하늘 문은 열렸고, 음성이 들렸다. 그렇다. 권위에 순종하면 하늘 문이 열리고 성령의 음성이 들린다. 권위에 순종할 때 교제권이 회복되고, 당신 안에 잠재운 성령의 능력은 깨어난다. 하나님께서 세우신 일군을 보고 그 권위 아래 순종하는 일군이 일어날 때 교회는 부흥하고 성장하여 복음의 꽃을 피울 수 있게 된다. 교제가 무너진 곳에는 성령께서 역사하시지 않는다.

담임목사와 같이 행동하라

당대의 최고의 거부였던 록펠러의 어머니가 록펠러에게 준 십계명 중, '첫째 하나님을 최고로 섬겨라. 둘째는 목사님을 하나님 다음으로 섬겨라'라는 것이다. 이 말을 '담임목사와 똑같이 행동하라'라는 말로 바꾸어도 될 것이다. 리더와 함께 하는 리더가 진짜 리더다. 리더께 목숨을 걸 수 있는 리더가 진정한 리더다.

우리 교회는 구역을 셀이라고 한다. 셀은 영어로 세포라는 말이다. 세포는 분열해야 한다. 세포가 분열하지 않는다면 상처가 아물수 없어 썩게 된다. 우리 몸 중에 혀 세포는 세포분열이 왕성하다고 한다. 혀는 항상 침 속에 있지만 빠른 치료가 되는 것은 세포분열이 왕성하기 때문이다. 위장 세포도 분열을 잘한다고 하는데, 3일 정도면 위장의 세포가 완전히 바뀐다고 한다. 위가 안 좋을 때 3일 정도만 관리를 잘해도 치료될 수 있다는 말이 된다. 세포가 빨리 분열하기 때문에 치료되고 성장하는 것이다.

세포분열하여 셀을 분가하는 일은 나와같은 셀리더를 세우는 가장 좋은 방법이다. 셀이 단합이 잘되고 재미있다고해서 나 혼자 계속해서 셀리더의 자리를 지킨다면 다른 사람에게 셀리더를 할 수 있는 기회를 빼앗는 일이다.

교회가 성장하고, 건강하기 위해서는 셀이 건강하게 분열해야 한다. 셀이 건강해지는 방법이 무엇일까? 셀이 건강한 방법 중 셀리더의 역할이 중요하다. 셀리더가 담임목사와 똑같이 생각하는 셀은 폭발적인 부흥의 가능성을 가지게 된다. 담임목사와 함께 융화되고, 상처가 있을 때 허의 세포처럼 빠른 치유를 일으킨다면 놀라운 일이 일어날 것이다. 건강한 교회를 위해 셀리더는 하나님께서 세우신 최전선의 군사다.

건강한 셀의 생명은 셀리더의 손에 달려 있다. 셀리더는 하나님께서 원하시는 것이 무엇인지 늘 생각하며, 목숨 다해 생명을 돌아보아야 한다. 직장이나 사업이나 가정에 신경을 쓰는 것 이상으로 매일 셀을 세밀히 살피는 일을 해야 한다. 그렇게 할 때 하나님께서는 셀리더가 하는 일에 기쁨을 주시고, 천사를 파송하셔서 놀랍게 도우신다. "당신 셀은 어떻게 그렇게 잘 번성합니까?"라고 질문을 받는다면 다음과 같이 대답할 수 있어야 한다. "아무것도 없습니다. 저는 목사님에게 받은 것을 전달합니다. 새로운 것을 만들지 않습니다."라고 할 수 있어야 한다.

어디에 있든지, 무엇을 하든지, 셀리더는 주님을 생각하고, 담임목사를 생각해야 한다. 항상 담임목사의 중심을 생각하도록 훈련된 리더는 좋은 리더다. "이때 목사님이라면 어떻게 하실까?"를 염두에 두는 것은 "예수님이시라면 어떻게 하실까?"를 생각하는 것과 같은 것이다. "목사님이 지금은 안 게시니 우리 성향대로 하면 돼."라고 한다든지, "내 생각이 목사님과 이런 부분은 다르다."라고 하지 말아야 한다. "사람마다 성향이 다를 수 있어. 내 성향대로 셀을 이끌어 가면 되지."라는 생각은 예수님의 방법이 아니었다. 예수님께서는 세워진 리더, 세례요한의 권위를 인정하셨고, 그에게 세례를 받으셨다. 세워진 리더 아래로 들어가는 것이 '하나님의 의'를 이루는 일이다.

담임목사의 지도력에 순종하는 본을 보인다면 다른 사람에게 존경받게 될 것이고, 내가 양육한 사람들이 내가 했던 것과 똑같이 나에게 그렇게 순종하는 것을 보게 될 것이다. 이것이 지도력을 이어가는 유일한 방법이다. 이때 교회는 든든히 세워져 간다. 이때 교회와 당신 안에 잠재운 성령의 능력을 깨워 복음의 능력이 발휘되며 부흥이 될 것이다.

거역하는 영성이 있다면 빨리 처리해야 한다. 거역하는 영성을 처리하지 않고 그대로 가지고 있으면서도 잘하는 줄 안다면 사탄의 밥이 되기 쉽다. 성령께서 역사하실 수 없는 삶을 살면서도 속고 있다는 사실을 모를 뿐이다.

거역할 때 땅이 입을 벌렸다. 순종할 때 하늘이 입을 벌렸다. 다윗은 간음했고, 사울은 거역했다. 간음보다 무서운 것이 거역이다.

예수님께서도 먼저 세워진 리더를 철저히 인정하셨다. "나는 목사님과 의견이 다릅니다. 목사님은 제 마음을 모릅니다"라고 어린 아이 같은 말을 함부로 해선 안 된다. 사탄에게 틈을 주면 사탄이 역사하는 통로가 될 수 있다. 셀 원이 100명이 있어도 목사님의 제자인 동시에, 셀리더의 제자가 되도록 키워야 한다. 자기 사람으로 만들려고 하거나 편 가르기를 하는 일은 사탄에게 길을 내어주는 악한 일이다. 그들에게 담임목사의 지도력을 따르도록 키워야 한다. 그래야 사역의 꽃을 계속 피울 수 있다. 순종할 수 있는 능력을 성령께서 주셨다. 하나 됨을 힘써 지킬 때, 당신 안에 잠자는 성령의 능력이 복음으로 깨어날 것이다.

"이제는" 우리가 빛이기 때문에 할 수 있다. 능력을 소유한 자가 되었기 때문에 믿음으로 할 수 있다. 내가 죽었음을 알고, 예수님처럼 할 수 있고 그보다 더 큰 일을 할 수 있다. 100%의 능력을 주셨다는 것을 믿으면 할 수 있다. 성령님과 함께하는 당신은 엄청난 능력의 사람이다. 권위에 순종할 때만이 시대적인 사역을 감당할 수 있는 자가 될 수 있다.

말세가 될수록 자신을 사랑하는 시대가 되기에 지도자에게 순종하지 않으려는 유혹은 심해질 것이다. 앞으로 점점 지도력을 인정하지 않는 시대가 될 것이다. 누가 지도자가 되어도 순종하지 않고 개인을 사랑하는 모습을 쉽게 볼 수 있을 것이다. 국가도 그렇고. 사회도 그렇고. 세상도 그럴 것이다. 그렇지만 믿음의 사람은 그렇게 하지 않는다. 믿음의 사람은 자기보다 하나님을 더 사랑한다. 하나님을 사랑하는 사람의 모습은 이웃을 사랑하는 모습으로 나타난다.

교회의 리더는 사람이 세운 리더가 아니다. 셀리더도 마찬가지다. 하나님께서 세운 셀리더다. 하나님께서 세운 셀리더가 권세 있는 사역을 하기 위해선 하나님의 방법을 따라야 한다. 예수님께서 리더의 기름부음 아래 계셨다. 세우신 권위에 순종할 때 하늘 문이 열린다. 셀 원은 셀리더의 권위에 순종하고 셀리더는 담임목사의 권위에 순종하여 서로 사랑하는 교회로 세워진다면 개인과 가정과 교회에 부흥이 올 것이다. 세우신 권위에 순종할 때 하나님의 음성이 들린다. "하늘로부터 소리가 있어 말씀하시되 이는 내 사랑하는 아들이요 내 기뻐하는 자라 하시니라(마태복음 3:17)." 순종하는 자에게는 반드시 하늘 문이 열린다. 적을 알고 적과 싸워야 한다. 우리의 적인 사탄은 살인이나 간음 등 눈에 보이는 것으로만 역사하는 것이 아니다. 사탄은 거역의 영을 심는다. 권위에 순종하는 일은 아버지의 하신 일을 보고 따라 하는 자의 기본적인 모습이고 전부다.

셀리더가 돼라. 이 땅을 살면서 가장 귀한 일이 어린 양을 돌보며 복음을 전하는 일이다. 셀리더가 되기를 사모하라. 독립적인 기질을 발휘하지 않겠다고 결단하고 기도하라. 연합할 줄 아는 자가 되겠다는 마음을 가지고 담임목사와 함께하라. 일꾼은 독립적인 기질을 가지지 않는다. 담임목사와 같은 마음을 가지고 연합에 힘써라. 힘을 다해 담임목사에게 목숨 건 헌신을 결단하라. 담임 목사도 당신을 위해 목숨을 걸게 될 것이다. 당신의 인생이 보람될 것이고 하나님의 기쁨이 될 것이다. 당신을 통해 기사와 표적이 쉽게 일어날 것이다. 예수님께서도 세상을 정복하기 위해 열두 제자를 세워 예수님처럼 하게 했음을 잊지 말길 바란다.

담임목사님을 따라 하기만 하면 성공하는 인생이 된다. 당신을 배우고 싶어 하고, 당신을 따라 걷는 많은 제자가 일어날 것이다. 담임목사와 함께하며, 어린 양을 찾아내며, 복음을 위해 살기로 결단하라.

당신 생애에 마음을 주고받는 목숨 건 친구가 담임목사가 되게 하라. 가장 가까운 사람이 담임목사가 되게 하라. 한 번뿐인 인생을 살면서 담임목사와 목숨 건 친구가 된다는 것은 가장 귀한 행복이다.

어린 양을 먹이는 것이 행함의 기초임을 잊지 말자. 행함을 다른 것으로 축소해 버리지 마라. 어린 양을 먹이고, 치는 일이 행함 있는 믿음인 것을 기억하고 지금 당장 시작하라. 성령님께서는 천군 천사를 동원 시켜 도와주실 것이다. 셀리더가 되어 섬기는 일은 어떤 직분보다 귀한 일임을 알고 당장 셀리더가 돼라.

7장

어린양을 먹이라

교회는 두 가지를 잘하면 된다. 먼저 복음을 깨닫고 복음의 풍성한 삶을 살면 되고, 둘째로 행하는 교회가 되면 된다. 안타까운 일은 행함에 대한 이해가 축소되어 버렸다. '행함'이라는 단어를 생각할 때 "내 어린 양을 먹이라" "내 양을 치라", "내 양을 먹이라"고 하신 주님의 음성을 기억하질 못한다. 아픈 현실이다. 어린양을 먹이지 않는 것을 회개해야 한다.

 예수 믿는 사람이 반드시 해야 할 일이 어린양을 먹이는 일이다. 해도 되고 안 해도 되는 일이 아니다. 어린양을 먹이려면 복음 안에서 엄마가 되어야만 이 일을 할 수 있는데 복음의 엄마가 되지 못하고 있다.

어린양을 찾아라

행함이 있는 믿음이라고 할 때 어떤 '행함'이 떠오르는가? 행함의 기준이 사람마다 다르고 다양할 수 있다. 그러나 예수님께서 요구하시는 행함은 다양하지 않다. 예수께서 우리에게 요구한 행함은 한 가지로 집약된다는 사실을 알지 못하면 열심히 행해도 헛수고를 할 수도 있다.

> "내가 증언하노니 그들이 하나님께 열심이 있으나 올바른 지식을 따른
> 것이 아니니라 하나님의 의를 모르고 자기 의를 세우려고 힘써 하나님의
> 의에 복종하지 아니하였느니라"
>
> - 로마서 10:2-3

주님께서 요구하시는 '올바른 지식을 따른' 행함을 찾아내야 한다. 그렇지 않으면 하나님의 의를 모르고 자기 의를 세우려고 힘써 하나님의 의에 복종하지 아니한 결과를 낳게 되는 것이다.

부활하신 주님은 승천을 앞두고 베드로를 찾아 유언과 같은 말씀을 하셨다. "요한의 아들 시몬아 네가 이 사람들보다 나를 더 사랑하느냐(요한복음 21:15)"라는 세 번이나 하셨다. "제가 주님을 사랑하는 줄 주님께서 아시나이다"라는 베드로의 대답에 주님은 "내 어린 양을 먹이라" "내 양을 치라" "내 양을 먹이라"라는 것이었다.

십자가에 죽으시고 부활하신 주님은 이 땅에 남겨두게 될 제자들에게 이 땅에서 할 일을 말씀해 주신 것이다. 예수께서 승천하시고 우리가 이 땅에 남겨진 이유는 예수께서 당부하신 일을 하기 위함이다.

교회는 두 가지를 잘해야 한다. 먼저 온전한 복음을 깨닫고 복음의 풍성함을 누리며 사는 것, 즉 복음 때문에 행복하게 이 땅을 사는 것이고, 둘째는 예수께서 당부하신 일을 행하는 것이다. 안타깝게도 "내 어린 양을 먹이라" "내 양을 치라" "내 양을 먹이라"고 하신 행함은 사라지고 방황하고 있는 것 같다. 어린양을 잘 먹이지 못한 일을 회개하는 일이 없다. 어린양을 먹여야 하는 인생의 목적을 잃어버린 것 같다.

가장 중요한 유일한 행함은 어린양을 먹이는 것이다. 우리는 이것을 위해 이 땅을 살고 있다. 예수 믿는 우리가 반드시 해야 하는 일이 어린양을 먹이는 일이다. 어린양을 먹이는 일은 해도 되고 안 해도 되는 일이 아니다. 우리의 행함은 어린양을 먹이는 일이라는 생각의 회복이 절실하다.

당신은 예수님을 사랑하는가? 예수님을 사랑한다면 무엇을 해야 하는가? 예수를 믿고 예수를 사랑하는 사람은 누구나 이 일을 해야 한다. 어렵게 생각하지 마라. 성령께서 도와주시기에 우리는 충분히 이 일을 감당할 수 있다. 일군은 작은 일에 관심을 가지는 것에서부터 시작된다는 사실을 기억하자. 한 사람에게 관심을 가지기 시작하면 된다. 이렇게 시작해 보라. "내 어린 양을 먹이라" "내 양을 치라" "내 양을 먹이라"는 주님은 말씀을 순종한다는 마음과 믿음을 가지고 셀 구성원에게 전화로 안부를 묻고 다가가 보라. 휴대전화기를 쥐고 있는 이유는 이 일을 하기 위한 것임을 기억하라. 양을 찾는 일을 시작하라는 말이다. 전화를 걸어 성령의 인도를 따라 무슨 말을 해도 좋다. 당신의 마음에 "내 어린 양을 먹이라" "내 양을 치라" "내 양을 먹이라"는 말씀을 실천하고 있다고 생각하며, 기도하며, 돌아보면 된다. 하루에 한 통 이상의 전화를 걸어 "내 어린 양을 먹이라" "내 양을 치라" "내 양을 먹이라"는 말씀을 순종하는 일을 시작해 보라. 당신은 어린양을 찾을 수 있을 것이고 성령께서는 당신에게 어린양을 먹일 수 있는 풍성한 능력을 더해 주실 것이다. 당신이 매일 거는 전화 한 통이 하나님의 큰 뜻에 동참하는 일이 된다는 사실을 기억하고 실천해 보라. 당신이 항상 들고 있는 전화가 귀한 도구가 될 것이다. 성령께서 당신에게 온 천하를 정복할 수 있는 능력을 마음껏 부어 주실 것이다.

어린양을 먹이려는 당신 옆에 천사가 도우려고 기다리고 있고 당신에게 하늘 문은 열려 있다는 사실이다. 당신이 어린 양을 먹이려고 나서면 천사들은 바빠질 것이다. 당신이 어린양을 먹이려는 마음을 갖고 움직일 때 영의 세계가 움직이며 활발해진다는 사실을 기억하라. 성령께서는 더 큰 지혜를 주셔서 "내 어린 양을 먹이라"

"내 양을 치라" "내 양을 먹이라"는 말씀을 지혜롭게 행할 수 있게 해 주실 것이다. 당신이 전화로 기도해 주는데 천사가 급히 달려가는 것을 보게 될 것이다. 전화로 대화하는데 귀신이 떠나가고 병이 치료되는 것을 볼 것이다. 할렐루야, 아멘! 하나님은 당신을 더욱 강하게 세우실 것이고 당신은 더 많은 어린 양을 찾게 되고 돌보게 될 것이다. 기사와 표적이 따라올 것이다. 당신이 잠재운 성령의 능력이 복음으로 깨어남을 보게 될 것이다.

지금 교회에 가장 시급한 일은 '행함'에 대한 이해가 달라져야 한다. "내 어린 양을 먹이라" "내 양을 치라" "내 양을 먹이라"라는 행함을 이해하고 믿는 자 안에서 강력하게 활동하시는 성령의 능력을 믿고 행해야 한다. 도덕적인 행함만으로 빛이 되고자 하는 생각을 바꾸자. "내 어린 양을 먹이라" "내 양을 치라" "내 양을 먹이라"는 말씀에 순종하자. 전심전력으로 담임목사와 함께 목양하는 셀 리더와 지도자가 된다면 행복의 문이 반드시 열릴 것이다. 영혼을 향한 사랑이 불타올라 잠재운 성령의 능력이 복음으로 깨어나면, 천사들도 할 일이 생겼다고 기분 좋아하며 바빠질 것이며 예수의 이름이 선포되는 곳에 치유로 도울 것이고, 생수의 강이 닿는 곳마다 소생함을 보게 될 것이다.

놀라운 영의 세계를 이해하고 실천한다면 셀을 쉽게 개척할 수 있고, 교회 개척은 쉬워질 것이다. 한 사람에게 복음을 심으면 또 다른 사람을 데려올 수밖에 없다는 확신이 생겨야 한다. 어린양을 찾을 때 천사는 기뻐하며 급히 날아올 것이다. 일하고 싶어 기다리는 천사들은 당신을 돕고 있는 천사를 부러워하며, 자기도 불러 주기를 애타게 기다릴 것이다. 천사들이 할 일을 애타게 기다리며, 불러 줄 것을 기다리고 있다. 셀 원이 모이지 않아 혼자 설교하는 일이 있더라도 어린양을 찾는 당신을 성령께서는 천사를 동원하여 도우신다. 영의 세계를 보며 모든 일이 어린양을 먹이기 위해 하는 일이 된다면 당신은 행복한 사람이고 능력의 사람이다.

성전에서 흐르는 물

성전 문지방으로부터 생수의 강이 흐르고 있다. 생수가 닿는 곳마다 소생함을 얻는다. 당신은 성령이 거하시는 거룩한 성전이다. 찾은 어린양이 생수의 강을 맛보게 도와주라. 그에게도 당신에게 흐르는 똑같은 생수의 강이 흐르고 있음을 알려 주면 된다. "나를 믿는 자는 성경에 이름과 같이 그 배에서 생수의 강이 흘러나오리라(요한복음 7:38)"라고 하신 말씀을 알게 해 줘라. 그렇다. 예수를 믿는 자는 그 배에서 생수의 강이 흘러나온다. 생수는 성령을 가리켜서 하신 말씀이다. "나를 데리고 성전 문에 이르시니 성전의 앞면이 동쪽을 향하였는데 그 문지방 밑에서 물이 나와 동쪽으로 흐르다가 성전 오른쪽 제단 남쪽으로 흘러내리더라(에스겔 47:1)"라고 했다. 성전에서 물이 흘러내린다. 이 물은 측량할 때마다 점점 깊어진다. 생수의 강을 이해하고 인정할 때 더 충만해진다. 당신에게서 흐르는 이 생수는 사람을 살린다. 최대한 많은 사람이 접촉하도록 해야 한다. 최선을 다해 그렇게 해야 한다.

예수님을 믿을 때 임마누엘 하심으로 우리 몸은 성령이 거하시는 성전이 되었다. "너희는 너희가 하나님의 성전인 것과 하나님의 성령이 너희 안에 계시는 것을 알지 못하느냐(고린도전서 3:16)"라고 하셨다.

성전에서 물이 흘러내린다. 동쪽 문에서 물이 흘러난다. 동쪽 문은 예수 그리스도를 상징한다. 예수 그리스도로 말미암아 성령의 물이 흘러나온다. 성령의 감동으로 이 물을 묵상하고 감사하고 측량하면 물은 점점 깊어진다. 발목에서 무릎으로, 무릎에서 허리로, 허리에서 건너지 못할 강이 된다. 한강보다 더 철철 흘러넘치는 생수의 강이 믿는 자 안에서 흐른다. "다시 천 척을 측량하시니 물이 내가 건너지 못할 강이 된 지라 그 물이 가득하여 헤엄칠 만한 물이요 사람이 능히 건너지 못할 강이더라(에스겔 47:5)"라고 했다.

성령님과 함께 측량하며 감사하고 감격하기만 하면 더 깊어질 것이다. 측량한다는 말은 성령님을 의지하여 묵상하고, 십자가의 은혜에 화답한다는 말이다.

당신 몸 안에 임재하신 하나님의 영광에 화답할 때 성전 안은 영광의 구름으로 가득 채워진다. 그 결과 마음에서 터져 오르는 부르짖음이 있게 되는데 이것을 묵상이라고 한다.

복음을 묵상하면 흥분이 따라온다. 영의 생각으로 풍성해지고, 복음으로 세계를 정복할 꿈이 생긴다. 믿음이 생긴다. 입술로 고백하고, 선포하라. 지금도 우리 안에서 흐르고 있는 생수의 강이 있다. 영원토록 흐르는 강이다. 묵상하면 이 물은 점점 깊어진다. 확고한 믿음이 생긴다. 입술의 권세가 생긴다. 능력이 있음을 믿는 믿음이 생길 것이다. 믿음이 더 확고해진다. 입술을 가만히 두지 말라. 입술로 말하고 명할 때 귀신이 떠나가고 질병이 떠나간다.

당신 안에서 흐르는 물은 놀라운 역사를 일으킨다. 어린 양에게도 당신에게 있는 생수의 강이 똑같이 있다는 사실을 알려 주어야 한다. "그가 내게 이르시되 이 물이 동쪽으로 향하여 흘러 아라바로 내려가서 바다에 이르리니 이 흘러내리는 물로 그 바다의 물이 되살아나리라 이 강물이 이르는 곳마다 번성하는 모든 생물이 살고 또 고기가 심히 많으리니 이 물이 흘러 들어가므로 바닷물이 되살아나겠고 이 강이 이르는 각처에 모든 것이 살 것이며 또 이 강가에 어부가 설 것이니 엔게디에서부터 에네글라임까지 그물 치는 곳이 될 것이라 그 고기가 각기 종류를 따라 큰 바다의 고기 같이 심히 많으려니와(에스겔 47:8-10)"라고 하셨다. 당신에게서 흘러나오는 물은 모든 것을 살리고, 모든 것을 풍성하게 한다. 모든 생물이 살아난다. 고기가 심히 많아진다. 바닷물도 되살아난다.

믿는 자는 주신 권세가 있다. 열심히 해서 받아 내는 것이 아니다. 예수님께서 십자가를 통해 이루어 놓으신 것을 믿음으로 믿고, 입으로 시인하며 능력으로 출발하는 것이 신앙생활이다. 십자가로 이루어 놓으신 은혜 속에 그냥 머물면 된다. 믿는 자에게 생수의 강은 이미 흐른다. 생수의 강을 감사하며, 인정하며, 믿음을 키우면 큰 확신이 오고 물은 점점 깊어질 것이다. 당신에게서 흐르는 성령의 생수의 강으로 어린양을 치유하고 세워가야 한다. 그가 또 다른 사람을 치유하고 세우는 사람으로 가진 능력을 알려야 한다.

당신 안에 강력한 힘으로 활동하시는 하나님의 능력이 얼마나 엄청나게 큰지를 알기를 원하시는 하나님이심을 잊지말자.

"또한 믿는 사람들인 우리에게 강한 힘으로 활동하시는 하나님의 능력이 얼마나 엄청나게 큰지를, 여러분이 알기 바랍니다(에베소서 1:19 새번역)."

8장

이미 획득한 비밀을 발견하라

당신은 예수 그리스를 통해 모든 것을 획득했고 승리했다. 당신에겐 더 획득할 것이 없다. 당신이 획득한 것을 알고, 발견하고, 취하기만 하면 된다.

당신이 획득한 것을 취하기는 아주 쉽다. 당신이 이미 가지고 있기 때문이다. 당신이 가지고 있다는 것을 알기만 하면 된다.

예수 이름의 비밀을 가지고 있다면 사용해야 한다. 예수의 이름이면 충분하다. 다른 무엇을 더할 필요가 없다. 손만 올리면 병이 떠난다. 다른 어떤 것도 더할 필요가 없다. 손만 올리면 된다는 믿음이 필요할 뿐이다.

"믿는 자들에게는 이런 표적이 따르리니 곧 그들이 내 이름으로 귀신을 쫓아내며 새 방언을 말하며 뱀을 집어 올리며 무슨 독을 마실지라도 해를 받지 아니하며 병든 사람에게 손을 얹은즉 나으리라 하시더라(마가복음 16:17-18)"

천국을 획득한 자

당신은 천국을 이미 획득한 자다. 획득한 천국을 침노해 들어가 기만 하면 천국은 이 땅을 뚫고 나타나게 된다. 천국을 침노하기만 하면 하나님은 영광을 받으시고, 당신은 하나님의 임재하심을 보게 된다. 획득한 천국을 말씀과 기도로 정복해야만 한다. 당신에게 임한 천국을 적극적으로 생각하고, 말하고, 상상하며, 성경에 기록된 대로 알고 침노해야 한다. 당신에게 임한 천국을 침노해 이 땅에 나타내야 한다. "세례요한의 때부터 지금까지 천국은 침노를 당하나니 침노하는 자는 빼앗느니라(마태복음 11:12)"라고 하셨다.

당신에게 주신 은혜를 발견하고, 당신 앞에 모든 은혜가 있음을 알고 손을 뻗어야 한다. 보이는 세계와 보이지 않는 세계가 같은 시간에, 같은 장소에 있기에 육의 눈에 보이지 않아도 바로 앞에 있음을 알고 손을 뻗는 것이 믿음이다. 하나님의 모든 은혜는 이미 당신 앞에 와 있다. 당신에게 임한 은혜에 당신이 설득되는 것이 믿음이다. 말씀대로 설득되는 것이 믿음이다.

보이는 세계와 보이지 않는 세계는 같은 공간에 있다. 오른쪽 뇌를 사용하여 성경에 기록된 대로 천상의 세계를 상상하고, 그림으로 그려라. 성경대로 그림을 그리는 일은 잘하는 일이고 그렇게 해야 한다. 성경에 기록된 대로 그림을 그리고, 상상하며, 믿는 일은 건강한 믿음을 갖게 한다. 그림을 그린 후 그 속에 들어가 있는 당신 자신을 볼 때 감석이 생길 것이고 영의 세계가 더 쉽게 열리는 것을 보게 될 것이다.

우리는 하나님 우편에 예수 그리스도와 함께 앉은 자임을 성경을 통해 알 수 있다(에베소서 2:6 참고). 하나님 우편에 앉은 자신을 그림으로 그리고 상상하는 일은 잘하는 일이다. 이러한 상상은 실재를 그린 것이기에 당신을 담대한 성령의 사람으로 만들어 줄 것이다. 당신이 이미 영화롭게 된 자임을 정확하게 알아 가는 것이 신앙생활이고 성화의 과정이다. 영화롭게 된 당신을 더욱 발견해 가도록 믿음의 눈을 열어보라(로마서 8:30 참고).

하나님 우편에 앉혀진 당신을 상상해 보라. 십자가를 지시고, 부활하심으로 당신을 영화롭게 만드신 어린양 예수 그리스도 앞에서 찬양하는 당신을 보라. 천국에서 어린양 예수 그리스도를 뵈옵는 순간 영원한 찬양의 힘이 생길 것이다. 천국에서 영광과 찬양을 영원토록 올리는 모습을 그려보라. 보좌 앞에 엎드린 천군 천사와 함께 영광을 올리는 그 광경을 그려보라. 당신은 지금 천국에 있다. 손만 뻗어 취하기만 하면 된다. 성경대로 믿기로 한 당신이 아닌가? 상황이나 당신의 모습을 보지 말고 성경대로 믿고 손을 뻗기만 하면 된다.

주어진 천국은 획득하고, 침노해야만 한다. 한없는 영광을 돌릴 수 있는 세계로 침노해 들어가야 한다. 천국을 침노하면 어린양 예수만 보인다. 임마누엘의 영광만 보인다. 어린양 예수를 보는 순간 영원한 찬양을 올릴 힘이 생기는 곳이 천국이다.

십자가로 우리 몸을 성전 삼아 보좌를 우리 몸 안에 두셨다. 천국은 아주 가까이 있다. 보좌가 여기에 있다. 침노하라. 흥분하라. 당신은 이미 천국에 있다.

보좌엔 주님이 앉아 계시고, 수많은 천군 천사가 찬양과 경배를 올리고 있다. 우렁찬 찬양과 경배를 올리고 있는 수많은 무리 속에 함께 경배를 올리는 당신이 거기 서 있다. 몸 안에서 들리는 찬양의 소리에 귀 기울여 들어보라. 그 소리에 맞추어 함께 찬양해 보라. 이십사 장로와 함께 엎드려 경배하는 모습을 보라. 감격이고, 감사, 영광, 찬송을 올릴 수밖에 없다. 황홀한 이 세계를 말로나 글로 표현할 수 없어 전율에 사로잡히게 될 것이다. 손이 절여져 오기도 하고, 온몸이 절여져 오기도 하고, 한없이 떨리기도 할 것이다. 천국을 볼 때 천국을 침노하고 싶은 갈망은 강해질 것이다.

천지 만물을 만드신 창조주 하나님이 내 몸 안에 좌정하고 계신다. 주님 계신 천국을 침노해 들어가라. 육신을 따르는 자는 육신의 일을 생각한다. 육신의 생각은 하나님과 원수가 된다. 육신의 생각은 하나님의 법에 굴복하지 않고, 할 수도 없기 때문이다(로마서 8:7 참고). 영의 생각은 생명과 평안이다. 생각이 믿음이라고 로마서 8장은 말한다. 영의 생각을 하는 사람은 로마서 8장 30절부터 39절의 감격을 뿜어내게 된다.

예수를 믿는 당신은 이미 천국을 획득한 자이다. 획득한 당신은 항상 주님 앞에 있다. 손만 뻗어 침노하기만 하면 닿을 수 있는 아주 가까이 있다.

천군 천사도 우리를 도우려고 유리 바다 위에서 내려다보고 있다. 불러 주기를 간절히 기다리고 있다. 손만 뻗으면 된다. 말하면 된다. 선포하면 된다. 임마누엘을 믿고 '얼대모도'하자. 주님의 **얼**굴을 구하고, 영의 **대**화하기를 즐거워하고, 주님을 **모**시고 있음을 알고, **도**움을 간청하면 당신을 돕는 천사들은 바빠질 것이다.

보화를 발견한 자

당신은 밭에 감추어진 보화를 발견한 자다. 보화의 가치를 알면 모든 문제가 해결되었다는 것을 알게 될 것이다. 보화를 발견한 자는 성숙한 자가 된다. 보화를 발견한 것을 아는 자는 영적 부모로 성장하게 된다. 신앙의 결국은 영적 부모가 되는 것이다. 영적 부모는 내가 가진 보화를 발견할 때 얻어지는 능력이다. 당신이 보화를 발견한 자임을 알게 되면 하나님께서 당신을 보시는 눈처럼 당신도 당신을 완전한 자로 보는 눈이 열리게 될 것이다. 이 눈이 열려야만 당신에게 있는 능력을 발휘하며 능력으로 복음을 전할 수 있는 자가 되는 것이다.

보화가 감추어진 밭임을 아는 농부는 농사가 잘되지 않았다고 마음이 상하지 않는다. 누가 밭을 밟아 심어놓은 농작물이 상했다고 해서 마음이 상하지 않는다. 농사가 잘되지 않아도 상관없다. 엄청난 보화가 있기 때문이다. 보화가 있는 밭을 모든 소유를 다 팔아 기어이 그 밭을 샀다면, 남이 알 수 없는 기쁨이 넘칠 수밖에 없고 여유 있는 사람이 될 수밖에 없다. 가치를 알기에 밭을 사기 위해 소유를 다 팔아 밭을 사는 것이 어렵지 않다.

다윗은 이 기쁨을 "하나님께서 두신 기쁨"이라고 했다(시편 4:7 참고). 다윗이 "하나님께서 두신 기쁨"이 "곡식과 새 포도주가 풍성할 때보다 더하나이다"라고 했다. 믿는 자에게 "하나님께서 두신 기쁨"이 있다. 당신은 하나님께서 두신 기쁨을 획득한 자다. 당신은 보화를 획득한 자다. 더 찾아 헤매지 말고, 획득했음을 인정해 보라.

"하나님께서 두신 기쁨"을 누리려면 당신이 가진 보화가 어떤 보화인지 잘 알아야 한다. 복음의 이해가 정확해야 한다. 복음의 이해가 정확할수록 신바람이 나는 인생, 흔들 깃발이 있는 인생, 하나님께서 두신 기쁨이 넘치는 인생이 된다. 복음의 조명을 제대로 받을 때 몰랐다면 큰일 날뻔했다는 생각이 들고 소름이 돋을 것이다. 복음이 입에는 달고 마음에는 쓰게 됨을 체험할 것이다. 감격이 생기는 동시에 지금도 헤매는 많은 어린양이 있다는 사실로 인해 마음이 쓰리게 될 것이다. 다른 사람에게도 알리고 싶은 마음이 불타오르게 될 것이다.

"천국은 마치 밭에 감추인 보화와 같으니 사람이 이를 발견한 후 숨겨 두고 기뻐하며 돌아가서 자기의 소유를 다 팔아 그 밭을 사느니라"

- 마태복음 13:44

"주께서 내 마음에 두신 기쁨은 그들의 곡식과 새 포도주가 풍성할 때 보다 더하니이다"

- 시편 4:7

복음의 조명이 더 밝아지길 원한다면 복음을 알아 가는데 좀 더 집중해 보라. 다음 장에서 다룰 로마서의 복음은 당신에게 확신과 흥분을 줄 것이다. 당신에게 복음의 조명은 더 밝아질 것이고, 복음의 충격을 받게 할 것이다. 심령에 부흥이 일어나 복음 안에 모든 영적 계시가 들어 있음을 알게 되는 기쁨을 맛볼 것이다.

로마서를 통해 복음의 조명을 받게 되면 성령의 역사가 복음을 통해 강력하게 나타나게 된다는 것을 발견하고 경험하며 누리게 될 것이다. 복음 따로, 성령 따로가 아니라 복음 안에 성령의 역사와 능력이 다 들어 있고, 복음과 성령의 역사는 하나임을 보게 될 것이다.

선명한 복음의 조명이 다음 장에서 당신을 기다리고 있다.

복음으로 한 사람만 변해도 교회와 세상을 정복할 수 있다는 자신감이 생길 것이다. 주님은 온 천하에 다니며 복음을 전파하라고 하신 일이 어려운 일이 아니라는 확신이 들게 될 것이다. 주께서 주신 짐은 쉽고 가볍다. 복음을 가진 당신과 대화만 하더라도 놀라운 반응을 보이는 것을 경험하게 될 것이다.

PART 2

능력을
발견하라

능력으로 출발하려면 능력을 발견해야 한다. 당신 안에 잠재운 성령의 능력을 복음으로 깨우려면 복음의 비밀을 발견하면 된다. 복음을 모르고 예수 믿는 사람은 한 사람도 없다. 그러나 복음의 조명은 복음을 바르게 알수록 밝아진다. 이 책을 통해 복음의 조명이 엄청나게 밝아질 것을 확신한다.

당신에게 놀라운 또 한 번의 변화가 일어날 것을 기대한다. 신선한 충격을 받을 것도 기대한다. 당신에게 있는 능력을 발견함으로 흔들 깃발이 생길 것을 의심하지 않는다.

성경의 핵심

핵심을 놓치고 글을 읽으면 읽으나 마나이다.

잘못 읽은 글은 읽지 않은 것보다 못할 수도 있다. 다른 일에는 실수가 허용되는지 모르지만, 성경을 잘못 읽어서는 절대 안 된다. 인생의 방향이 달라지고, 영원의 길이 달라지기 때문이다.

성경의 핵심은 영의 생각으로 복음을 전하라는 것이다. 육의 생각으로는 하나님의 법을 받으려고 하지 않고 받을 수도 없기에 하나님과 원수가 된다. 십자가의 법을 받아들이지 않기 때문에 여전히 하나님과 원수가 될 수밖에 없는 것이다.

영의 생각을 하는 법을 배워야 한다. 성경의 핵심은 육의 생각을 죽이고 영의 생각을 하라는 것이다.

이제 생각의 여정을 출발하자.

갈라디아서로 시작해 로마서로 마무리한 복음

예수를 믿게 된 바울은 시작도 복음이었고 마침도 복음이었다. 바울은 영의 생각을 한 사람으로 우리에게 영의 생각의 길을 정확히 제시하고 있다.

로마서는 '성경 중의 성경'이라 불린다. 로마서를 이해하면 성경의 핵심을 이해하게 된다. 로마서는 영의 생각을 하는 것이 믿음이라고 가르치고 있다.

갈라디아서는 바울이 쓴 편지 중 제일 먼저 쓴 편지고, 전도 여행 중 가장 나중에 쓴 편지는 로마서이다. 먼저 쓴 편지와 가장 나중에 쓴 편지의 내용을 보면 바울이 얼마나 복음만 전하고 싶었는지 알 수 있다. 그는 복음으로 시작해 복음으로 마친 복음의 사람이다.

바울은 다른 복음을 전하면 저주를 받는다고 갈라디아서를 통해 강조하고 있듯이 이 시대에도 복음만 전하는 사람이 절실히 필요하다.

복음만 전하기 위해선 복음만이 능력의 통로임을 발견해야 한다. 복음 안에 성령의 역사와 성령의 능력이 다 들어 있다. 복음의 진수를 발견하여 잠재운 성령의 능력을 깨우는 일이 시급하다. 지금이야말로 그리스도의 복음을 변하게 하는 일을 막아설 사람이 절실히 필요한 시대다.

"다른 복음은 없나니 다만 어떤 사람들이 너희를 교란하여 그리스도의 복음을 변하게 하려 함이라 그러나 우리나 혹은 하늘로부터 온 천사라도 우리가 너희에게 전한 복음 외에 다른 복음을 전하면 저주를 받을지어다(갈라디아서 1:7)"

다시 부흥할 수 있다

임마누엘의 생각이 약해지면 부흥을 잃게 된다. 어떤 상황, 어떤 시대에도 하나님께서 함께하신다는 생각이 있을 때 믿음으로 살수 있었고 부흥을 가져왔다.

요셉은 종으로 팔려 가도, 억울하게 감옥에 들어가도 임마누엘의 생각이 이집트에 부흥을 가져왔다. 임마누엘은 성경의 황금 때다. 임마누엘을 믿는 자가 바벨론에 있을 때도 부흥을 가져왔다.

복음의 조명이 밝아지기 시작한 날 평생 고생할 뻔했다는 생각에 온몸에 소름이 돋았다. 복음의 조명은 몰랐던 새로운 복음이 아니었다. 알고 있었던 복음이었지만 선명하게 깨달아진 복음은 나를 소름이 돋게 하기에 충분했다.

복음의 조명이 약해 내가 힘을 내지 못했다는 것을 알았다. 동시에 많은 성도가 복음의 조명이 약해 힘을 잃어 가는 모습이 보여 마음 절여오기 시작했다. 복음의 조명만 더 밝아진다면 사랑하는 고국교회는 다시 부흥할 수 있을 것이라는 확신이 들기 시작했다.

애수를 믿는데도 행힐 수 없는 자신을 보며 갈등을 해결할 방법을 찾지 못하는 성도를 만날 때마다 복음의 조명을 받게 하고픈 마음이 불타기 시작했다.

이단의 달콤한 유혹의 손짓에 신앙의 고민이 풀리는 듯해 빠지는 경우도 많이 있다. 이제 당신도 복음의 조명을 밝히고 싶어 마음이 조급해질 것이다. 복음으로 모든 문제를 해결 받고, 사람을 복음의 사람으로 세우는 일이 당신의 전업이 될 것이다. 복음의 사람들이 우후죽순처럼 일어나 영적 부모의 역할을 감당하는 일이 시작된다면 부흥은 다시 시작될 것이다. 나는 이날을 꿈꾸고 있다.

로마서의 복음은 흔들리지 않는 믿음의 확신과 생수를 공급해 준다. 로마서를 읽으며 이런 방법이 아니고는 구원받을 수 없고 능력의 삶을 살 수 없다는 것을 깨달았다. 복음으로 인해 얼마나 무릎을 두드리며 좋아했는지 모른다. 나는 로마서가 좋다. 로마서를 읽을 때마다 감격이 되어 일만 번도 더 읽은 것 같다. 로마서에서 배운 믿음의 확신이 임마누엘의 능력으로 넘쳐나게 됨을 하나님께 감사한다.

바울은 2차전도 때 고린도에서 아굴라와 브리스길라를 만났다. 만남을 통해 일해 나가시는 하나님을 찬양한다. 그들은 로마 황제 글라우디오가 유대인들을 로마에서 추방할 때 로마에서 고린도로 왔다가 바울을 만나게 된 것이다(사도행전 18:2 참고). 바울은 그들을 통해 로마에 예수 믿는 사람이 많다는 것을 알게 되어, 로마에 가서 복음을 전하고 싶은 갈망이 생겨 쓰게 된 편지가 로마서이다.

로마서의 핵심 장은 8장이다. 1장부터 8장까지 복음을 명쾌하게 정리하고 있고, 9장부터 11장까지는 전도하는 내용이며, 12장부터 16장은 복음을 받은 사람은 마땅히 하나님을 사랑하고, 이웃을 사랑한다는 것을 기록한다.

1장부터 3장에서 복음의 핵심을 말하고 있다. 4장부터 8장까지는 하나님의 의가 믿는 자에게 어떻게 임했는지를 설명하고 있다. "모든 믿는 자에게 미치는 하나님의 의니 차별이 없느니라(로마서 3:22)"라고 결론을 내린 후, 차별 없이 임한 '하나님의 의'가 우리에게 어떻게 왔는지를 4장부터 8장까지 구체적으로 보충 설명하고 있다.

먼저 장 별로 한 단어로 기억하도록 하자.

1장 이방인, 2장 유대인, 3장 우리

4장 아브라함, 5장 아담, 6장 죽었다

7장 죄의 법, 8장 생각

3번을 반복해서 소리 내어 읽으셨다면 다음 장으로 넘어가도 좋다.

100%의 믿음

당신은 100%의 믿음을 가져 본 적이 있는가?

100%의 믿음을 이해하는 일은 중요하다.

당신이 100%의 믿음에 대해 이해한다면 100%의 믿음의 역사가 나타나기 시작할 것이다.

로마서는 시원한 샘물과 같다. "이 방법이 아니라면 저는 구원도 능력도 받을 가능성이 전혀 없습니다. 주님, 감사합니다"라는 고백을 연발할 수밖에 없었다. 로마서를 읽으며 "그렇구나!"라고 하면서 무릎을 치며 얼마나 감격했는지 모른다.

로마서는 당신에게 믿음으로 생각하도록 완전히 바꾸어 줄 것이다. 잠재운 성령의 능력을 복음으로 깨워 줄 것이다.

절망

말씀대로 살지 못하는 자신의 모습 때문에 좌절하게 되고 절망하게 되어 무력한 신앙생활을 하기 쉽다. 무력한 신앙생활은 사탄에게 속은 결과일 뿐이다.

"율법을 듣는 자가 의인이 아니라 행하는 자라야 의롭다 하심을 얻는다"라고 하신 말씀을 바르게 이해하는 것은 신앙생활에 너무나도 중요한 부분이다. 율법을 행할 수 있는 사람이 아무도 없다고 성경은 분명히 선포하고 있다.

"하나님 앞에서는 율법을 듣는 자가 의인이 아니요 오직 율법을 행하는 자라야 의롭다 하심을 얻으리니(로마서 2:13)"라는 말씀에 이어 "그러므로 율법의 행위로 그의 앞에 의롭다 하심을 얻을 육체가 없나니 율법으로는 죄를 깨달음이니라(로마서 3:20)"라고 하셨다.

행위로 의롭게 되는 것이 불가능하다는 것을 알면서도 자신의 행위가 의롭게 변화되지 않는 것 때문에 신앙의 갈등이 있는 사람이 너무나도 많다. 갈등하는 자들에게 빨리 알려줘야 한다. '예수께서 왜 이 땅에 왔다 가셨지'를 갈등 속에 신앙 생활하는 사람들에 알려줘 행복의 문을 열어주고 기쁨의 샘이 터지게 해 주어야 한다. 이제 당신에게 할 일이 분명해졌다.

로마서 1장부터 3장까지 인간은 모두 스스로 하나님께 나올 능력이 없는 죄인임을 선포한다. 그래서 율법이 아닌 하나님의 의를 얻는 새로운 법을 소개하고 있다.

1장 이방인 : 이방인이 죄인이라고 선포한다. 이방인은 스스로 하나님께 나올 수 없을 뿐 아니라, 그 속에 하나님을 알만한 것이 있지만 오히려 생각과 마음이 허망하여져서 우상을 섬기고 동성연애까지 한다는 것이다. 사형에 해당한 잘못된 일인 줄 알면서도 자기들도 행할 뿐 아니라 그런 일을 행하는 자들을 옳다 한다는 것이다. 1장에서 이방인이 하나님께 스스로 올 수 없는 영이 죽어 있는 죄인임을 설명하고 있다.

2장 유대인 : 유대인도 죄인이라고 선포하고 있다. '도적질하지 말라 가르치면서 네가 도적질하느냐, 간음하지 말라 말하는 네가 간음하느냐'라고 묻는다. 유대인이 선생이라고 스스로 믿지만, 사람들에게 위선자 취급을 받는다는 것이다. 유대인 역시 자신의 힘으로 하나님께 나올 수 없는 죄인임을 선포하고 있다.

3장 우리 : 우리도 죄인이라고 선포한다. "그러면 우리는 나으냐 결코 아니라 유대인이나 헬라인이나 다 죄 아래에 있다고 우리가 이미 선언"했다고 한다. 우리도 스스로 하나님께 나올 수 없는 죄인임을 선포한다.

결국 "기록된 바 의인은 없나니 하나도 없으며(10절)." "모든 사람이 죄를 범하였으매 하나님의 영광에 이르지 못하더니(23절)."라고 결론을 맺고 있다. 인간이 철저하게 절망 속에 있음을 선언하고 있다.

반전

반전이 없었다면 영원한 절망이다. 반전을 선포하고 있다. "이제는 율법 외에 하나님의 한 의가 나타났으니… 곧 예수 그리스도를 믿음으로 말미암아 모든 믿는 자에게 미치는 하나님의 의니 차별이 없느니라(로마서 3:21-22)"라는 말씀이다.

"모든 믿는 자에게 미치는 '하나님의 의'니 차별이 없느니라"라고 선포하고 있다. 율법을 지키지 않아도, 율법을 지키느냐 못 지키느냐와 전혀 관계없이, 예수 그리스도를 믿기만 하면 누구에게나 차별 없이 주시는 하나님의 의가 있다고 선언하고 있다.

하나님의 의

'하나님의 의'란 '하나님과 똑같은 의'를 말한다. 놀랍지 않은가?
'하나님의 의'가 되면 어떤 존재가 되는 것일까?
왜 우리를 '하나님의 의'가 되게 하셨는가?
하나님께서 우리 몸을 성전 삼고 좌정하시려고 창조하셨다. 죄로 인해 하나님을 떠난 우리에게 다시 좌정하고 싶으셨지만 죄 있는 곳에는 좌정하실 수 없어 십자가에 대신 죗값을 치르시고 그를 믿는 자마다 '하나님의 의'로 만드셨다.

'하나님의 의'가 된 우리는 천국 백성이 된 것은 물론이요, 하나님께서 영원히 함께하는 하나님의 집이 되었다. '하나님의 의'는 우리에게 영원한 임마누엘을 가져왔다. 임마누엘 하시기 위해 예수께서 이 땅에 오셔서 십자가를 지셨다. 임마누엘은 구원의 완성이다. '하나님의 의'는 언제, 어디서나 하나님의 보좌 앞에 있을 수 있는 근거가 된다.

율법을 지키지 못해도 믿기만 하면 엄청난 반전이 일어나게 된 하나님의 법이 나타난 것이다. 율법이 아닌, 예수만 믿으면 완벽한 '하나님의 의'가 되는 길을 여셨다.

예수께서 우리를 '하나님의 의'가 되게 하려고 죄가 되셨다. "하나님이 죄를 알지도 못하신 이를 우리를 대신하여 죄로 삼으신 것은 우리로 하여금 그 안에서 '하나님의 의'가 되게 하려 하심이라(고린도후서 5:21)"라고 했다. "복음에는 '하나님의 의'가 나타나서 믿음으로 믿음에 이르게 하나니 기록된바 오직 의인은 믿음으로 말미암아 살리라 함과 같으니라(로마서 1:17)"라고 선포한다.

로마서는 "모든 믿는 자에게 미치는 '하나님의 의'"를 설명한 책이다.

로마서 4장부터 8장까지, 다섯 장은 하나님의 의가 된 우리를 쉽게 이해할 수 있게 도와준다. 로마서가 설명하는 대로 믿으면 고군분투하지 않아도 독수리같이 날개 치며 올라가는 신바람 나는 신앙생활을 할 수 있다. 복음의 조명이 분명해지면 항상 힘이 난다. "오직 여호와를 앙망하는 자는 새 힘을 얻으리니 독수리가 날개 치며 올라감 같을 것이요 달음박질하여도 곤비하지 아니하겠고 걸어가도 피곤하지 아니하리로다(이사야 40:31)"라는 말씀이 사실이다.

당신에게 임한 하나님의 의를 이해하게 되면 굴곡 있는 신앙생활에서 벗어나 일취월장하는 신앙생활을 하게 된다. 행복의 문이 반드시 열리게 되는 것이다. 놀라운 복음이 당신에게 잠재운 성령의 능력을 깨우게 만들어 능력 있는 전도자로 살게 할 것이다.

당신은 100% 믿음의 사람이다

의롭게 되는 유일한 길은 믿음으로 되기 때문에 '하나님의 의'를 다른 말로 '하나님의 믿음'이라고 표현할 수 있다. '하나님의 의'를 가진 우리는 '하나님의 믿음'을 가진 사람이다.

예수를 믿을 때 '하나님의 의', '하나님의 믿음', 즉 '100%의 믿음'을 가지게 되었다는 말씀이다. 믿는 자가 100%의 믿음을 가지게 되었다는 것을 아는 사람은 적다. 하나님을 100% 믿어야 '하나님의 의'가 된다. 하나님의 의가 되었다는 것은 하나님을 믿는 100%

의 믿음이 있다는 말이다. 이 믿음은 우리가 만든 믿음이 아니라 예수를 믿을 때 주신 하나님의 선물이다. 70% 정도의 믿음을 갖고 있다고 믿으면서 믿는다고 소리치고, 강조한다고 100% 믿어지는 것이 아니다. 100%의 믿음이 있어야 100% 믿을 수 있다.

'하나님의 의'를 주실 때 영생도 주셨다. 영생은 하나님의 본성을 말한다. "오직 믿음으로 구하고 조금도 의심하지 말라 의심하는 자는 마치 바람에 밀려 요동하는 바다 물결 같으니(야고보서 1:6)"라고 하신다. 하나님은 우리가 할 수 없는 것을 요구하지 않는다.

조금도 의심하지 않는 믿음을 요구하시는 것은 우리에게 하나님의 본성을 주실 때 온전한 100%의 믿음이 생겼기 때문에 우리에게 있는 믿음을 요구하시는 것이다.

오직 의인은 믿음으로 산다. "복음에는 '하나님의 의'가 나타나서 믿음으로 믿음에 이르게 하나니 기록된바 오직 의인은 믿음으로 말미암아 살리라 함과 같으니라(로마서 1:17)"

당신은 '100%의 믿음'을 받은 사람이다. 100%의 믿음이 있음을 믿고, 믿음으로 살아야 믿음의 역사가 일어난다. 믿음을 더 달라고 하지 말고 100%의 믿음을 주셨음을 믿고 100%의 믿음의 말을 하고, 믿음의 선포를 하면 놀라운 일이 일어날 수밖에 없다.

초등학생 1학년에게 1톤짜리 쇳덩어리를 못 든다고 아버지가 아이에게 진노한다면 누가 잘못하는 일을 하는 것인가? 순종할 능력이 없는 유다와 이스라엘이 순종 못 했다고 하나님께서 진노하신다면 하나님께서 잘못하시는 것이다.

하나님의 진노는 인간이 타락하자마자 모든 인간에게 임하게 되었다. 타락한 이후, 본래부터 불순종 속에 있는 것이다. 본래 하나님의 진노 아래 있는 것이다. 지금 불순종하기 때문에 지금부터 진노하시는 하나님이 아니시다.

성경은 타락한 인간에게 선지자를 보내도, 기적이 일어나도 순종할 수 없는 인간임을 알려 준다.

로마서 1장부터 3장에서 말하듯 성경 전체가 하는 말은 의인은 하나도 없다고 말씀한다. 그래서 예수가 필요하다는 것을 말씀한다. 예수를 보내겠다고 말씀하신다.

우리의 힘으로 하나님의 의를 도저히 가질 수 없기에 우리를 사랑하셔서 예수를 보내 주셨다. 예수께서 우리의 죄를 대속하셨기에 이 사실을 믿는 자에게 하나님의 의, 100%의 믿음, 예수 생명을 주신다는 것이다. 이 사실을 믿어야 100%의 믿음으로 살 수 있다.

이제 100%의 믿음을 주장하자. 그것이 십자가를 믿는 믿음이다. 예수께서 이루신 일을 믿는 믿음의 훈련이 된다면 당신은 엄청난 능력의 사람이 될 것이다. 믿는 자의 권세가 실제임을 경험하게 될 것이다.

당신은 예수 생명이 있는 믿음의 사람임을 믿어야 한다. "나는 믿음의 사람이다." "나는 하나님의 사람이다." "나는 성령의 사람이다."라고 고백하라. 당신 자신에게도 자주 말해 주어야 한다. 100%의 믿음이 있음을 묵상하고 복음을 수용하는 체질이 되도록 훈련해야 한다. 당신은 이제 '하나님의 의'다.

당신은 100%의 믿음의 사람이 되었다. 100%의 믿음의 사람임을 당신 스스로가 알 때 당신 안에 잠재운 성령의 능력을 복음으로 깨우게 될 것이다.

당신의 혼이 하나님의 의가 된 당신을 이해하고, 당신에게 100%의 믿음이 주어졌다는 사실에 훈련되기만 한다면 능력의 사람으로 이 땅을 살아가기에 충분할 것이다. 당신은 이제 완전히 다른 사람으로 변신하여 복음의 사람이 되었다. 할렐루야!

3장

견고하라

로마서는 믿는 자를 견고하게 하려는 목적으로 바울이 로마에 있는 성도에게 쓴 편지다(롬 1:11, 16:26). 로마서를 읽고 나면 견고해져야 한다. 복음으로 견고하게 되면 능력의 삶을 살게 된다.

바울은 로마서를 통해 견고 하라고 하면서 견고하게 되는 방법을 제시하고 있다. 우리도 로마서를 통해 믿음을 배워 복음으로 견고한 사람이 되어야만 한다.

예수 그리스도를 통해 주신 견고한 사람이 되었음을 알고 또 다른 사람을 견고하게 만드는 일이 당신이 해야 할 일이다.

영생을 아는 것이 견고함이다

바울은 로마에 가고 싶었으나 여러 번 길이 막혔다고 하면서 "내가 너희 보기를 간절히 원하는 것은 어떤 신령한 은사를 너희에게 나누어 주어 너희를 견고하게 하려 함이니(로마서 1:11),"라고 그가 로마에 가고 싶어 하는 이유를 밝히고 있다. 로마에 있는 성도를 견고하게 세우고 싶어서 만나고 싶고, 가고 싶고, 보고 싶다고 고백한다.

바울은 로마서를 마무리할 때도 "이 복음으로 너희를 능히 견고하게 하실(로마서 16:26)" 하나님이라는 말로 마무리하고 있다.

바울은 로마에 있는 성도들에게 신령한 은사를 나누어 주어 견고하게 하려 했다. 바울이 말한 신령한 은사란 성령의 은사로 볼 수도 있겠지만, 바울은 예수 생명 자체가 은사라고 표현하고 있다.

"죄의 삯은 사망이요 하나님의 은사는 그리스도 예수 우리 주 안에 있는 영생이니라(로마서 6:23)"라는 말씀에서 하나님의 은사는 영생이라고 했다. 바울은 '영생'을 알게 해서 견고한 확신을 주고 싶었다.

영생은 예수와 함께 사는 영원한 생명을 말한다. 영생은 예수 생명을 말한다. 영생은 임마누엘의 생명을 말한다. 영생은 예수님의 생명, 즉 예수와 똑같은 본성을 말한다.

바울은 로마 성도들에게 임마누엘을 확신시켜 견고하게 세우고 싶었다. 십자가에서 돌아가시고, 부활하심으로 주신 영원한 생명이 있음을 확신시키고 싶었다는 말이다.

"예수는 우리가 범죄한 것 때문에 내줌이 되고 또한 우리를 의롭다 하시기 위하여 살아나셨느니라(로마서 4:25)"라고 하셨다. 예수께서는 우리의 범죄 때문에 십자가를 지셨고, 우리를 의롭게 하셔서 임마누엘 하시려고 부활하셨다.

"영생은 곧 유일하신 참 하나님과 그가 보내신 자 예수 그리스도를 아는 것이니이다(요한복음 17:3)"라는 말씀대로 '영생'은 하나님과 예수님을 아는 것이다.

어떤 예수를 안다는 것인가? "곧 예수 그리스도를 믿음으로 말미암아 모든 믿는 자에게 미치는 '하나님의 의'니 차별이 없느니라(로마서 3:22)"라고 하신 하나님의 의를 주신 예수를 아는 것을 말한다.

차별 없는 '하나님의 의'를 주셨다는 것이 복음이다. 하나님의 의가 되어야만 예수께서 영원토록 떠나지 않으시고 우리와 함께하실 수 있으시다. 하나님의 의가 되게 된 우리는 '영생'을 얻은 자다.

"내가 진실로 진실로 너희에게 이르노니 내 말을 듣고 또 나 보내신 이를 믿는 자는 영생을 얻었고 심판에 이르지 아니하나니 사망에서 생명으로 옮겼느니라(요한복음 5:24)"라고 하셨다. 영생을 앞으로 천국 가서 주신다는 말인가, 지금 주셨다는 말인가? 과거형이다. '얻었고', '옮겼느니라'라고 한다. 바울은 영생을 알려 주고 싶었다. 영원히 떠나지 않는 임마누엘을 알려 주어, 견고하게 세우고싶었다.

우리가 받은 '영생'은 미래에 얻을 '영생'이 아니다. 이미 얻은 '영생'이다. "내가 결코 너희를 버리지 아니하고 너희를 떠나지 아니하리라(히브리서 13:5하)"라고 하셨다. 절대 거짓말을 하시지 않는 하나님께서 "내가 결코 너희를 버리지 아니하고 너희를 떠나지 아니하리라"라고 하신다. 당신에게 하나님이 영원히 함께하시면 만족하지않겠는가! 영원한 임마누엘을 알 때 견고해진다.

로마서를 읽고 나면 견고해져야 한다

로마서는 영생이 있음을 알고 견고하게 하려고 쓴 성경이다. 그러므로 로마서를 읽고 나면 견고해져야 한다. 바울은 '영생'이 있음을 알아야 견고하여진다고 한다. '영생'이 있음을 알았던 초대교회성도들은 로마가 핍박하는 핍박 가운데도 흔들리지 않는 견고함이 있었다. 철학과 헛된 속임수에서도 흔들리지 않는 견고함을 가질 수 있었다.
'영생'이 있다는 것을 아는 사람은 견고하고 흔들리지 않는 흔들 깃발을 가진 전도자로 이 땅을 살 수 있다. 아무것도 그리스도의 사랑에서 우리를 끊을 수 없다고 고함치며 감격할 것이다.

'영생'은 미래에 천국 가서 얻는 것이 아니다. "그날에는 내가 아버지 안에, 너희가 내 안에, 내가 너희 안에 있는 것을 너희가 알리라(요한복음 14:20)"라고 하셨다. 지금 당신에게 이 일이 일어났다. 이 말은 세상의 소리가 아니다. 영의 언어요, 신비로운 말이다. 예수를 믿는 것이 얼마나 놀라운 일인지 모른다. 주님이 내 안에, 내가 주님 안에 있다는 것은 주님과 우리가 하나 되었다는 말이다. 성령께서 오셔서 임마누엘을 알려 주시고 믿게 하신다. 로마서를 제대로 읽으면 영생이 있는 것을 알게 되기 때문에 견고한 사람이 된다. 견고한 사람은 예수의 이름과 보혈의 능력을 사용한다. 당연히 능력의 사람으로 살게 되는 것이다.

하나님께서 함께하신다는 확신이 있으면 견고하다. 야곱은 하나님께서 함께함을 몰라 불안했다. 한 번도 가보지 못한 먼 길, 500㎞ 이상을 가야 하는 신세를 탄식하며 걱정하고 있었다. 형을 속이고, 사랑하는 어머니를 떠나야 하는 야곱에게 후회와 막막함이 밀어닥쳐 괴로웠다. 야곱은 사랑하던 어머니를 영원히 볼 수 없는 길을 떠나고 있다. 아무도 없고, 들 짐승 소리만 들리는 광야, 밤이 되자 돌을 베개 삼고 누웠다. 꿈에 사닥다리가 하늘에서 땅까지 닿은 것을 보았는데 하나님의 사자들이 그 위에서 오르락내리락하고 있었고 그 위에 여호와께서 계셨다. "내가 너와 함께 있어

네가 어디로 가든지 너를 지키며 너를 이끌어 이 땅으로 돌아오게 할지라 내가 네게 허락한 것을 다 이루기까지 너를 떠나지 아니하리라 하신지라(창세기 28:15)"라고 하신 말씀에 깜짝 놀랐다. "야곱이 잠이 깨어 이르되 여호와께서 과연 여기 계시거늘 내가 알지 못하였도다(창세기 28:16)"라는 고백을 한다. 하나님께서 함께하신다는 것을 안 야곱은 견고해졌다. '벧엘'이라 이름하고, 서원하며, 의기양양한 발걸음으로 하란까지 가게 되었다.

하나님이 함께하심을 아는 사람은 달라진다. 하나님께 쓰임 받은 주인공들의 특징은 하나님과 함께함을 아는 자들이었다. 하나님과 함께하심을 분명히 아는 사람들은 언제나 자신감이 넘친다. 언제 어디서든지 예수의 이름과 보혈의 능력을 나타낼 수 있기 때문이다.

예수께서도 "보라 너희가 다 각각 제 곳으로 흩어지고 나를 혼자 둘 때가 오나니 벌써 왔도다 그러나 내가 혼자 있는 것이 아니라 아버지께서 나와 함께 계시느니라 이것을 너희에게 이르는 것은 너희로 내 안에서 평안을 누리게 하려 함이라 세상에서는 너희가 환난을 당하나 담대하라 내가 세상을 이기었노라(요한복음 16:32)"라고 하셨다.

예수께서는 제자들이 다 흩어지고, 혼자가 되실 것을 아시면서도 혼자가 아니라고 분명히 말씀하신다. 혼자 같지만 혼자가 아님을 안다는 것은 멋진 믿음이다. 임마누엘을 알면 당신은 견고해진다. 예수 생명이 나에게 있음을 알면 견고해진다. 예수께서 가신 길이 고통스럽고 힘겨운 길이었지만 혼자 아님을 아셨기에 넉넉히 감당할 수 있었다.

로마서를 읽으면 혼자가 아님을 분명히 알게 된다. 임마누엘의 능력을 앎으로 견고해질 것이다. 기대하라. 견고해진 당신은 이제 천하를 예수의 이름으로 호령할 것이다.

아브라함

"아브라함"을 생각하면 무엇이 머리에 떠오르는가? 로마서 4장에 아브라함의 삶을 길게 기록한 것은 복음을 설명하기 위함이다.

아브라함을 통해 복음의 조명을 밝게 받을 수 있다. 아브라함이 의롭게 된 것은 믿음으로 의롭게 되었다.

흔들린 아브라함

바울은 '영생'을 어떻게 얻으며, 어떻게 '영생'을 만끽하며 살 수 있는지를 로마서 4장에서 8장까지 잘 설명하고 있다.

'영생'은 '하나님의 의'가 된 사람에게만 있다. '영생'은 예수 생명을 말한다. 예수님과 똑같은 생명을 얻은 것을 말한다. '영생'은 '임마누엘'이다. "복음에는 '하나님의 의'가 나타나서 믿음으로 믿음에 이르게 하나니 기록된바 오직 의인은 믿음으로 말미암아 살리라 함과 같으니라(로마서 1:17)"라고 했다. 어떻게 영원히 우리를 '하나님의 의'가 되게 하셨는지 로마서 4장에서 8장까지 잘 설명하고 있다.

로마서 4장은 아브라함 이야기이다. "그런즉 육신으로 우리 조상인 아브라함이 무엇을 얻었다 하리요 만일 아브라함이 행위로써 의롭다 하심을 받았으면 자랑할 것이 있으려니와 하나님 앞에서는 없느니라(로마서 4:1-2)"라고 시작한다. '아브라함이 의롭다 하심은 받은 것이 행위에 있는가, 믿음에 있는가'라는 질문이다. "성경이 무엇을 말하느냐 아브라함이 하나님을 믿으매 그것이 그에게 의로 여겨진 바 되었느니라(로마서 4:3)"라고 대답하고 있다. 아브라함이 의롭다 하심은 믿음으로 받았다.

"아브라함이 바랄 수 없는 중에 바라고 믿었으니 이는 네 후손이 이같으리라 하신 말씀대로 많은 민족의 조상이 되게 하려 하심이라(로마서 4:18)"라고 하신다.

아브라함이 의롭게 된 것이 행위가 아님을 예로 들고 있다. 아브라함이 백 세나 되어 자기 몸의 죽은 것 같음과 사라의 태가 죽은 것 같음을 알고도 믿음이 약하여지지 않고, 견고하다고 한다(로마서 4:19-22 참고).

창세기를 통해 살펴보면 아브라함의 행위는 형편없었다. 하나님께서 "그를 이끌고 밖으로 나가 이르시되 하늘을 우러러 뭇별을 셀 수 있나 보라 또 그에게 이르시되 네 자손이 이와 같으리라(창세기 15:5)"라고 직접 말씀해 주셨지만, 아브라함은 사래가 출산하지 못한다고 하갈을 통해 이스마엘을 낳았다.

그 후 하나님께서 아브람을 방문하셔서 그의 이름을 바꾸어 주실 때도 아브람은 엎드려 웃었다. "하나님, 제가 하나 알려 드리겠습니다. 사래와 같이 살아 보지 않아서 모르시는 모양인데 사래는 생리가 끊어졌습니다"라고 했다.

하나님께서는 그래도 네 몸에서 아이가 태어날 것이라고 하시니 아브라함은 화가 났다. "하나님, 죄송합니다만 제가 하나님의 마음을 미리 알고 아들을 하나 낳아 놓았습니다. 하나님, 불가능한 일 자꾸 말씀하지 마시고, 하나님께서 원하시는 것을, 제가 준비해 두었으니 이스마엘이나 슬그머니 모른척하시고 받아주셔서 후손이 되게 하십시오. 사래가 아이를 갖는가는 것이 불가능합니다"라고 말했다.

자, 어떤가? 아브라함의 행위가 견고했는가? 아브라함의 마음과 행위는 심히 흔들렸다.

견고한 아브라함

그런데 로마서 4장은 아브라함의 믿음이 견고했고, 흔들리지 않았다고 말하고 있다. 거짓말을 하는 것인가? 이것이 복음의 비밀이다. 아브라함이 하나님을 믿었더니, 그의 과거, 현재, 미래의 모든 행위가 견고하다고 하시는 것이다. 이 일은 우리의 힘으로 도저히 못 하는 일이기에 예수께서 이 땅에 왔다 가신 것이다.

'하나님의 의'는 과거에도 현재에도 미래에도 죄가 없는 것을 말한다. '하나님의 의'는 하나님과 똑같은 '의'라는 말이다. 하나님은 과거에도 죄가 없으시고, 현재에도 죄가 없으시고, 미래에도 죄가 없으신 분이다. 우리에게 이런 놀라운 일이 일어났다고 하신다.

아브라함이 오실 예수 그리스도를 믿을 때 그의 행위와 전혀 관계없이 그를 견고했다고 하셨다. 아브라함이 믿음으로 '의롭게' 된 것처럼 우리도 그렇게 되었다고 말씀하시고 계신 것이다. 아브라함의 행위와 관계없는 아브라함에게 '하나님의 의'를 주셨다고 설명하고 있다.

"이제는 율법 외에 하나님의 한 의가 나타났으니 율법과 선지자들에게 증거를 받은 것이라 곧 예수 그리스도를 믿음으로 말미암아 모든 믿는 자에게 미치는 '하나님의 의'니 차별이 없느니라(로마서 3:21 -22)"라는 말씀은 당신이 믿을 때 아무 조건 없이 하나님의 의가 되게 하셨다는 놀라운 말씀이다.

"그에게 의로 여겨졌다 기록된 것은 아브라함만 위한 것이 아니요 의로 여기심을 받을 우리도 위함이니 곧 예수 우리 주를 죽은 자 가운데서 살리신 이를 믿는 자니라(로마서 4:23-24)"

아브라함의 행위가 불안전했지만, 그가 하나님을 믿을 때 그의 믿음은 흔들리지 않았고 견고하다고 인정해 주셨듯이 아브라함만 믿음으로 견고해진 것이 아니라 당신이 아무리 연약하여 흔들리는 모습을 가지고 있더라도 견고한 믿음을 가진 자로 인정해 주신다는 말씀이다.

하나님의 의가 된 당신은 과거 현재 미래의 모든 죄가 청산되고 견고한 자가 되었다. 이제 당신이 노력할 일은 하나님께서 말씀하신 사실에 설득당하는 것이다. 그 은혜에 감사하며 감격의 자리로 들어가는 일만 하면 된다.

과거의 죄는 십자가에서 해결되었지만, 현재나 미래의 죄는 당신이 잘살아야 없어지는 것이 아니다. 만약 그렇다면 당신에겐 소망이 없다. "그러므로 율법의 행위로 그의 앞에 의롭다 하심을 얻을 육체가 없나니(로마서 3:20)"라고 분명하게 말하고 있기 때문이다.

"사람이 의롭게 되는 것은 율법의 행위로 말미암음이 아니요 오직 예수 그리스도를 믿음으로 말미암는 줄 알므로 우리도 그리스도 예수를 믿나니 이는 우리가 율법의 행위로서가 아니고 그리스도를 믿음으로서 의롭다 함을 얻으려 함이라 율법의 행위로써는 의롭다 함을 얻을 육체가 없느니라(갈라디아서 2:16)"라고 선포한다.

성경에 기록된 그대로 믿어야 한다. 과거, 현재, 미래의 모든 죄가 예수를 믿을 때 사해졌고, 당신의 믿음은 견고하다. 당신이 '하나님의 의'가 되었다는 것을 아브라함을 예로 들어 설명하고 있다.

"내가 진실로 진실로 너희에게 이르노니 내 말을 듣고 또 나 보내신 이를 믿는 자는 영생을 얻었고 심판에 이르지 아니하나니 사망에서 생명으로 옮겼느니라(요한복음 5:24)"라고 이미 과거형으로 말씀하고 있다.

이제는 율법 외에 하나님의 한 의가 나타났다(로마서 3:21 참고). "만일 아브라함이 행위로써 의롭다 하심을 받았으면 자랑할 것이 있으려니와 하나님 앞에서는 없느니라(로마서 4:2)"라고 한다.

아브라함의 행위는 자랑할 것이 하나도 없다. 그의 행위가 심히 흔들렸지만, 견고했다고 말씀해 주신다. 흔들렸던 모든 행위를 흔들리지 않았다고 하듯이 우리의 모든 연약함을 연약하다고 하지 않으신다는 말이다. 우리의 모든 흔들림도 견고하다고 하시고 믿음이 있다고 하신다.

당신에게 흔들리지 않는 견고한 믿음이 있다. 당신은 하나님의 의요, 100%의 믿음을 가진 자다. 이것이 복음의 비밀이다. 이것이 십자가의 능력이다. 당신의 모든 연약함에도 견고하다고 하시는 하나님으로 인해 감사가 넘쳐야 할 것이다. 거저 주신 하나님의 의를 인정하고 감격하는 것이 예수를 믿는 믿음이다. 당신은 절대 흔들리지 않는 견고한 자가 되었다.

엄청난 복을 주시기 위해 십자가를 지셨다. 이것이 복음이다. 놀랍지 않은가? 당신은 그런 자가 되었다. 당신의 행위가 아닌 하나님께서 주신 믿음으로 당신은 하나님의 의가 되었다. 하나님께 감사와 영광을 돌려 드리자. 할렐루야!

5장

아담

로마서 5장에선 아담과 예수님을 비교하고 있다. 누가 크신 분인가를 비교하는 것이다. 아담은 예수님 앞에서 그 크기를 비교한다면 없는 것과 같다.

아담 때문에 죄가 들어오고, 예수님 때문에 의가 왔고, 아담 때문에 죄가 왕 노릇하게 되었고 예수님 때문에 의가 왕 노릇 하게 되었다.

예수님 앞에서 없어져 버린 아담의 일을 마음에 키우지 말고 예수께서 하신 일을 마음에 가득 키우라는 말씀이다.

회개를 잘못 이해해 당신 마음이 아담의 일만 찾고 아담만 마음에 가득 채워 잘못한 것만 고백하려는 일을 멈추어야 한다. 회개는 돌아선다는 뜻이다. 아담의 일, 즉 잘못한 것만 고백하는 것이 회개하는 것이라는 생각에서 벗어나 예수 그리스도께서 하신 일을 당신 마음에 가득 채우는 일로 돌아서야 한다.

아담과 예수 중 누가 큰지 비교한다

로마서 5장은 '하나님과 화평을 누리자'라고 시작한다. "그러므로 우리가 믿음으로 의롭다 하심을 받았으니 우리 주 예수 그리스도로 말미암아 하나님과 화평을 누리자(로마서 5:1)"라고 한다. "믿음으로 의롭다 하심을 받았으니", "하나님과 화평을 누리자"라고 하면서 하나님과 어떻게 화평을 누릴 수 있는지 아담과 예수님을 비교하면서 설명하고 있다.

비교한다는 말은 누가 크신 분이냐는 것으로 우리 맘속에 아담의 일을 채우지 말고 예수 그리스도께서 하신 일을 가득 채우라고 말씀을 하고 있다.

아담과 예수님을 비교하면 누가 큰 분인가? 아담은 예수님의 크기에 상대도 되지 않는다. 예수님은 무한대로 크신 분이다. 우리 마음에 아담을 키우지 말고 예수를 키워야 한다. 당신 마음에 이제 예수를 가득 채우기로 결단하라. 하나님과 화평을 누리는 방법은 아담이 아닌 예수님께서 하신 일을 마음에 키우는 것이다. "그뿐 아니라 이제 우리로 화목하게 하신 우리 주 예수 그리스도로 말미암아 하나님 안에서 또한 즐거워하느니라(로마서 5:11)"라고 하신다.

아담 한 사람 때문에 죄가 들어왔고, 예수 한 분 때문에 의가 들어왔다. 아담 한 사람 때문에 죄가 왕 노릇 하게 되었고, 예수 한 분 때문에 의가 왕 노릇 하게 되었다. 아담 한 사람 때문에 정죄함을 받게 되었고, 예수 한 분 때문에 의롭다 하심을 받았다. 무슨 말인지 알겠는가?

왜 이렇게 아담과 예수님을 비교하는지 알아야 한다. 아담이 저지른 생각을 키우지 말고, 예수께서 이루신 것을 생각 속에 키워야 한다는 말이다.

우리가 아직 연약할 때에, 우리가 아직 죄인 되었을 때, 우리가 아직 원수 되었을 때 하나님의 사랑이 부음 바 되었다(로마서 5:6, 8, 10 참고). 이렇게 하나님의 놀라운 사랑이 우리에게 임했다. 우리가 아직 연약하고, 죄인 되고, 원수 되었을 때, 우리가 하나님을 전혀 알지도 못할 때, 하나님의 놀라운 사랑이 부어진 것이다. 말씀하신 대로 수용하는 것이 믿음이다. 감격으로 수용하자.

회개하자

회개하자. 회개는 소중하다. 회개는 축복이다. 회개는 예수께서 하신 일을 마음에 키우는 시간이다. 회개는 아담이 저지른 일을 찾아내는 시간이 아니다. 아담이 저지른 일을 찾는 일에 집중하지 마라. 잘못한 것이 생각나면 잘못했다고 고백해야 한다.

잘못하지 않으려고 하는 것이 신앙생활을 잘하는 것이 아니다.

아담이 저지른 실수를 저지르지 않는 것이 신앙생활인 줄 알고 있는 사람이 많다. 인격 변화와 삶을 변화시키는데 신앙생활의 초점을 맞추지 마라. 죄짓지 않고 실수하지 않으려는 신앙생활은 아담이 저지른 일에 집중하는 잘못된 신앙생활이다.

예수께서 하신 일에 집중하여 예수께서 이루어 놓으신 것 때문에 감격하게 만들어라. 하나님의 의를 마음에 가득 채워라. 하나님의 의는 임마누엘 하게 해 주셨다. 임마누엘에 감격하도록 생각을 집중하라. 임마누엘의 감격으로 모든 것을 하도록 만들어라. 이것이 바른 회개의 삶이다. "그러므로 함께 하늘의 부르심을 받은 거룩한 형제들아 우리가 믿는 도리의 사도이시며 대제사장이신 예수를 깊이 생각하라(히브리서 3:1)"라고 했다.

실수하거나 잘못 할 수 있다. 그때 속히 잘못을 고백하고, 예수 그리스도께서 이루어 놓으신 '하나님의 의'를 마음속에 가득 채우며 감사해야 한다. 죄짓지 않으려고 조심하는 신앙생활 하지 말고, 함께하신 하나님을 인정하고, 환영하고, 모시고 사는 데 초점을 두라. 항상 임마누엘을 마음속에 가득 차게 채우고 인정하라. 신바람이 날 것이다. 예수 그리스도께서 하신 일을 받아들이고 당신 마음에 가득 채우는 것이 참된 회개다.

이제 아담을 많이 생각하던 습관에서 벗어나 예수 그리스도를 많이 생각하고 가득 채우는 회개 훈련을 해야 한다. 아담이 저지른 일과 당신이 지은 모든 죄는 예수께서 하신 일로 인해 당신이 믿을 때 없어져 버렸다. 당신은 하나님의 사람이 되었다. 당신은 성령의 사람이 되었다. 당신은 임마누엘의 사람이 되었다. 반복해서 고백하며 당신 안에 좌정하신 성령님을 영접하고 환영하고 모셔 들이고 인정하는 것이 참된 회개이다.

로마서 5장은 아담을 마음에 키우지 말고 예수를 마음에 가득 키우라고 말하고 있다. 다음과 같이 선포하고 외쳐 보라.

"나는 하나님의 의가 되었다."
"나는 의로 왕노릇 한다."
"나는 하나님의 의가 되었기 때문에 의로운 삶을 산다."
"나는 임마누엘의 능력으로 산다."
"나는 임마누엘만 생각하고 능력으로 산다."
"나는 성령의 사람이다."
"나는 하나님의 사람이다."

"그런즉 한 범죄로 많은 사람이 정죄에 이른 것같이 한 의로운 행위로 말미암아 많은 사람이 의롭다 하심을 받아 생명에 이르렀느니라(로마서 5:18)."

자신을 보고 믿지 말고, 한 분 예수 그리스도를 통해 의롭다 하심을 받은 당신을 보라. 임마누엘 하신 예수를 바라보고 하나님과 화평하라(로마서 5:1 참조).

"한 사람이 순종하지 아니함으로 많은 사람이 죄인 된 것같이 한 사람이 순종하심으로 많은 사람이 의인이 되리라(로마서 5:19)."

이제 실수할 때마다 죄가 더한 곳에 은혜가 넘치는 경험을 하게 될 것이다. 완벽하지 않은데도 완벽한 순종의 모습으로 받아주시는 주님으로 인해 감격하며 전도자로 능력 있는 삶을 살게 될 것이다. 당신은 이제 의롭게 되기 위해 일을 안 해도 된다. 경건하지 않아도 된다.

"일을 아니 할지라도 경건하지 아니한 자를 의롭다 하시는 이를 믿는 자에게는 그의 믿음을 의로 여기시나니(로마서 4:5)"

당신은 이제 당신을 의롭다고 하신 분을 믿기만 하면 된다. 실수하고, 면목 없는 일이 있어 고개 들 수 없을 때가 있다 할지라도 "죄가 더한 곳에 은혜가 더욱 넘쳤나니(로마서 5:20)"라는 말씀이 실제가 될 것이다. 이것이 회개이다.

이제 당신 마음에 예수께서 하신 일로 가득 채우라.

6장

죽었다

모든 종교는 '당신을 죽여라'라고 한다.
성경은 당신은 이미 죽었다고 한다.
당신의 죄에 대하여 죽었다.
날마다 죽는다던 바울이 가진 비밀을 발견하자.

하나님에 대해 영이 산 사람은 죄에 대해 죽은 사람이다. '죽어야 한다'라는 말을 '죄로부터 죽어야 한다'라고 생각한다면 성경을 몰라서 하는 말이다. 성경엔 우리가 이미 죄에 대하여 죽은 자라고 말하고 있다.
당신은 죽은 자다.

죽었다

성경은 우리가 이미 예수와 함께 "죽었다"라고 선언한다. 모든 종교는 "너를 죽여라"라고 강조하며 죽이는 일을 수련한다. 그들이 사용하는 뜻처럼 우리도 그렇게 사용한다면 바른 믿음이 아니다.

예수를 믿으면서도 아직 죄에 대하여 죽지 못했다고 생각하는 사람이 있다. 물론 자신의 모습을 보면 죽지 않은 것처럼 보여서 하는 말이라는 것은 이해는 되지만, 정확한 믿음의 말은 아니다. 신앙생활은 죄에 대하여 나를 죽여 더 좋은 나를 만들어 가는 것이 아니기 때문이다.

로마서 6장은 우리를 죄에 대하여 "죽었다"라고 한다. 6장의 요절이라고 할 수 있는 11절을 보라. "이와 같이 너희도 너희 자신을 죄에 대하여는 죽은 자요, 그리스도 예수 안에서 하나님께 대하여는 살아 있는 자로 여길지어다(로마서 6:11)"라고 한다. 우리를 "죄에 대하여는 죽은 자요, 하나님께 대하여는 산 자"로 여겨야 한다.

하나님의 말씀은 이해하는 것이 아니라, 믿어야 한다. 성경대로 받아들이고 믿는 것이 믿음이다. "여길지어다"라는 말은 두 가지로 설명할 수 있다.

"여길지어다"라는 말은 틀림없기에 그렇게 여기라는 것이다. 또 그렇게 여기지 않기 때문에 "여길지어다"라고 하신다.

자신을 죄에 대하여 죽이려고 노력하는 것은 헛된 일이다. 세월을 아껴야 한다. 그러기 위해서는 당신을 죽이려는 헛된 수고를 그만두고 이미 이루신 것과 또 이루실 것을 그대로 받아들이면 되는 것이다. 당신을 죽이려고 노력하는 시간은 헛된 수고가 될 수 있다. 성경대로 믿자. 성경대로 당신을 죽은 자로 여겨라. 당신은 이미 죄에 대하여 죽었고 하나님께 대하여는 아멘 하는 산 자가 되었다.

당신은 이제 죄 속에 사는 자가 아니다. "그런즉 우리가 무슨 말을 하리요 은혜를 더하게 하려고 죄에 거하겠느냐 그럴 수 없느니라 죄에 대하여 죽은 우리가 어찌 그 가운데 더 살리요(로마서 6:1-2)"라고 말씀을 하고 있다. 이제 죄에 대하여 죽었기 때문에 죄 가운데 살지 않음을 인정하자.

죄 가운데 살고 있다는 생각은 너무나도 쉽게 인정하면서, 하나님의 의가 된 당신을 많이 생각하지 않고 있다. 이제 생각을 바꾸어야 한다. 예수께서 이루신 일을 생각하는 것이 믿음이다.

"그날에는 내가 아버지 안에, 너희가 내 안에, 내가 너희 안에 있는 것을 너희가 알리라(요한복음 14:20)." 얼마나 놀라운 말씀인가! 당신은 예수님과 완전히 하나가 된 자다. 말씀대로 믿고 우리 안에 계신 예수를 생각에 키우자. 아담을 키우면 내가 예수 안에 산다는 생각은 작아지고, 죄 가운데 살고 있다는 생각에 사로잡히게 된다. 성경대로 믿어야 한다.

　당신은 그의 죽으심과 합하여 세례를 받았다. 그와 함께 장사 되었다. 죽은 자 가운데 살아나 새 생명 가운데 있다(로마서 6:3-4 참고).
　당신은 예수와 함께 부활하여 예수와 함께 연합한 자가 되었다(로마서 6:5 참고). 당신은 이제 죄 가운데 사는 자가 아니다. "이는 죽은 자가 죄에서 벗어나 의롭다 하심을 얻었음이라(로마서 6:7)"라고 한다.

　'하나님의 의'가 된 당신은 이제는 죄 가운데 있을 수 없다. 당신이 예수 안에 있다는 것을 자꾸 인정하고 말해야 한다. 예수께서 죄가 되심으로 당신은 '하나님의 의'가 되었다(고린도후서 5:21 참고). 예수께서 여러 번, 다시 돌아가실 필요가 없이 단번에 해결하셨다(로마서 6:11 참고).

　"이제는 그것을 행하는 자가 내가 아니요 내 속에 거하는 죄니라(로마서 7:17)"

　이제 당신도 죄가 내가 아니라고 말해야 한다. 당신이 할 일은 죄에 대하여 죽고, '하나님의 의'가 되어, 하나님께 대하여는 살아 있음을 믿고, 생각하고, 말하는 것뿐이다. 당신은 이제 몸의 사욕에 순종하지 말고 모든 생각을 사로잡아 그리스도께서 이루신 일에 생각을 복종시켜야 한다. 이것이 당신이 해야 할 영적 전쟁이다. 당신이 이제 어떻게 완전한 승리의 삶을 살 수 있는지는 로마서 7장과 8장에서 계속 설명하고 있다. 이 부분의 설명을 7장에서 계속한다.

의의 무기

"또한, 너희 지체를 불의의 무기로 죄에게 내주지 말고, 오직 너희 자신을 죽은 자 가운데서 다시 살아난 자 같이 하나님께 드리며 너희 지체를 의의 무기로 하나님께 드리라(로마서 6:13)"라고 하신다.

어떻게 "지체를 불의의 무기로 죄에게 내주지" 않을 수 있을까? 로마서 7장과 8장에서 잘 설명하고 있다. 나중에 자세히 보겠지만 잠시 언급하자면, "지체를 불의의 무기로 죄에게 내어 주"는 것은 아담이 저지른 실수를 생각에 키우는 것을 말한다. "불의의 무기"는 불법 무기라는 말인데 우리에게 죄는 불법이다.

우리는 '하나님의 의'가 된 사람이다. 우리 지체를 의의 무기로 하나님께 드리라고 하는 것은 이제는 죄 아래 있다는 생각을 하지 말라는 말이다(로마서 8:7 참고). 우리가 '하나님의 의'가 되었다고 생각하는 것이 우리 지체를 하나님께 의의 무기로 드리는 것이다.

로마서 8장은 생각이 믿음이라고 결론을 내리고 있는데 우리가 무엇을 생각하느냐가 그 사람의 믿음이라는 말이다.

이제 '하나님의 의'가 되었으니 우리 지체가 죄악 속에 있는 죄인이라는 생각을 하지 말라는 말씀이다. 우리 지체를 의의 무기로 하나님께 드리는 길은, 십자가의 결과를 받아들이고, 믿음으로 우리가 '하나님의 의'가 된 것을 생각하고, 고백하면 된다. 8장에서 더 다루기로 하고 이곳에선 이 정도로 설명하고 넘어가겠다.

날마다 죽노라

"형제들아 내가 그리스도 예수 우리 주 안에서 가진바 너희에 대한 나의 자랑을 두고 단언하노니 나는 날마다 죽노라(고린도전서 15:31)"라는 바울 사도가 날마다 죽는다고 한 말을 바르게 이해해야 한다.

성경을 읽을 때 전체문맥을 보면서 그 의미를 이해하는 것이 중요하다. 고린도전서 15장은 '부활장'이라고 불리고 장이다. 바울은 부활을 설명하면서, "나는 부활을 틀림없이 믿기에 당하는 어려움 앞에 부활을 믿는 생각으로 날마다 죽는다"라는 표현을 한 것이다. 바울이 날마다 죽는다고 한 표현이 죄 때문에 자신을 날마다 죽인다는 의미가 아니라 부활을 믿지 않는 육의 생각을 죽인다는 의미다. 육의 생각을 날마다 죽이고 영의 생각을 날마다 하겠다는 믿음의 결단인 것이다.

우리도 우리의 생각을 날마다 죽이고 모든 생각을 사로잡아 그리스도께 복종시켜야 한다. 자신을 죄의 종으로 생각하면 죄의 종이 된다. 한 사람의 순종으로 의롭게 되었음을 받아들이고, 믿고, 생각하고, 말해야 한다.

자신을 믿어선 안 된다. 아직도 변화되지 못한 자신의 모습을 보다가 낙심하고 실망하는 것을 자신을 믿는 것이다. 우리는 예수를 믿어야 한다. 예수님께서 나에게 이루어 놓으신 대로 나를 인정하고 믿는 것이 예수 믿는 것이다.

"너희 자신을 종으로 내주어 누구에게 순종하든지 그 순종함을 받는 자의 종이 되는 줄을 너희가 알지 못하느냐 혹은 죄의 종으로 사망에 이르고 혹은 순종의 종으로 의에 이르느니라(로마서 6:16)"

예수의 종임을 인정하면 당신은 의의 종이 되고, 죄의 종이라고 인정하면 죄의 종이 된다. 당신이 죽었다는 의미는 죄의 종에서 끝났다는 말이다. 예수의 종, 순종의 종, 의의 종이 되었다고 고백하라. 의의 종이라고 생각하라. 그렇게 하는 것이 지체를 죄의 종으로 내어주지 않고 의의 종으로 내어주는 것이다.

"너희 육신이 연약하므로 내가 사람의 예대로 말하노니 전에 너희가 너희 지체를 부정과 불법에 내주어 불법에 이른 것 같이 이제는 너희 지체를 의에게 종으로 내주어 거룩함에 이르라(로마서 6:19)."

어떻게 의롭게 되는지를 늘 생각해야 한다. 당신의 행위가 아닌 믿음으로 의롭게 된다는 사실을 잊지 마라.

'하나님의 의'가 된 당신을 늘 생각하라. 당신 지체가 의롭게 되었다는 것을 인정하라는 말이다. 행함으로 의의 지체가 된 것이 아니다.

예수 그리스도께서 죄가 없으시지만, 죄가 되심으로 당신을 '하나님의 의'가 되게 했다. 다른 복음은 없다. 복음은 한 길뿐이다. 예수 그리스도의 십자가와 부활을 통해 이루어 놓으신 결과에 굴복하고 인정한 당신은 의로운 자다. 당신 지체가 '하나님의 의'가 되었다고 인정할 때 당신 지체를 의의 종으로 드리는 것이된다.

"또 증거는 이것이니 하나님이 우리에게 영생을 주신 것과 이 생명이 그의 아들 안에 있는 그것이니라 아들이 있는 자에게는 생명이 있고 하나님의 아들이 없는 자에게는 생명이 없느니라 내가 하나님의 아들의 이름을 믿는 너희에게 이것을 쓰는 것은 너희로 하여금 너희에게 영생이 있음을 알게 하려 함이라(요한일서 5:11-13)."

우리에게는 아들이 있다. 아들이 있는 자에겐 영생이 있다. 요한은 성경을 기록한 목적이 너희에게 영생이 있음을 알게 하는 데 있다고 했다. 우리에겐 영생이 있다. 우리에게 '하나님의 의'가 있다. 우리에게 영원한 임마누엘이 있다.

"그러나 이제는 너희가 죄로부터 해방되고 하나님께 종이 되어 거룩함에 이르는 열매를 맺었으니 그 마지막은 영생이라(로마서 6:22)"라고 하셨다.

"죄의 삯은 사망이요 하나님의 은사는 그리스도 예수 우리 주 안에 있는 영생이니라(로마서 6:23)."

당신은 죄에 대하여 이미 죽었다. 그리고 영생을 얻었다. 이제 당신을 죽이려 하지 말고, 죄에 대하여 죽은 자로, 하나님께 대하여는 산자로 여기자. 당신은 이제 죄의 종이 아니다. 의의 종이 되었다. 당신은 하나님께서 예수님을 통해 이루신 일에 대하여 산 자가 되어 반응하고, 호흡하고 하나 되어 산 자가 되었다. 당신은 죄에 대하여 죽었다. 당신을 죽이려고 하지 말고, 의의 병기로 인정하며, 성령의 사람으로, 말씀의 사람으로 이 땅에서 전도자로 살아가자. 당신은 죄에 대하여 죽었고 의에 대하여 살았다.

7장

죄의 법

로마서 7장은 너무 중요한 내용을 가지고 있다. 나는 로마서 7장 때문에 해방을 맛보았다. 죄의 법이 사로 잡아 오는 것이 믿음이 약해서가 아니라 이 땅을 살 동안에 당연히 있는 일임을 알게 된 후 죄의 법에서 해방될 수 있었다.

'죄의 법'을 처리하는 것을 이해하면 신앙생활에 활력이 생긴다. '죄의 법'을 처리할 줄 모르면, 죄의 법을 없애려는 다람쥐 챗바퀴처럼 제자리에서 벗어나지 못하는 안타까운 일생을 보낼 수밖에 없다.

'죄의 법'을 처리하는 방법을 알면 어제든지 힘을 얻는다. 힘을 얻은 당신은 이 땅을 사는 목적을 성취할 수 있고, 삶의 목적만을 위해 최선을 다하여 성공하는 인생이 될 것이다.

죄의 법을 없애려고 하지 마라

로마서 7장은 놀라운 해방을 가저다줄 것이다. 4장에서 아브라함이 믿음으로 '하나님의 의'를 받았고, 5장에서는 아담을 마음에 키우지 않고, 예수를 마음에 가득 키우는 것이 믿음임을 보았다. 6장에선 죄에 대하여 죽었고, 하나님께 대하여 산자로 여기기로 했다. 그렇게만 하면 다 된 것일까? 그렇게 하는데도 갈등이 생기기 마련이다.

나를 사로잡아오는 죄의 법은 계속해서 올라오는데 어떡하란 말인가? 나는 죄의 법이 나를 사로 잡아 올 때마다 믿음이 약해서 그런 줄 알았다. 죄의 법을 섬기지 않으려고 부단히 애를 썼지만, 그럴수록 죄책감만 더해졌다. 사로 잡아 오는 죄의 법을 해결하지 못하면 위선자라는 죄책감에서 벗어 날 수 없다.
로마서 7장이 없었다면 갈등과 헷갈리는 신앙생활을 하며 위선자로 산다는 부담을 떨쳐 버릴 수 없을 것이다.

바울의 고백 중에 "이제는 그것을 행하는 자가 내가 아니요 내속에 거하는 죄니라(로마서 7:17)"라고 죄와 자신과 분리하고 있음이 놀랍다. 성경은 하나님으로부터 난 자마다 죄를 짓지 않는다고도 말하고 있다.

"하나님께로부터 난 자마다 죄를 짓지 아니하나니 이는 하나님의 씨가 그의 속에 거함이요 그도 범죄하지 못하는 것은 하나님께로부터 났음이라(요한일서 3:9)"

바울은 자신이 짓는 죄가 자신이 아니라고 한다. 이상한 이야기 같지만 우리는 성경대로 믿기로 했으니 우리에게도 그렇다. 위선자라는 생각 때문에 힘들었던 생각을 종식 시킬 수 있다. 성경대로 믿으면 죄가 내가 아니기에 위선자라고 고민할 필요도 없고, 죄에 대한 갈등이 해소되어 버린다.

죄는 내가 아니다. 바울은 분명히 죄가 내가 아니라고 선포한다. 어떻게 죄와 내가 아닌지를 7장과 8장에서 설명하고 있으니 감사한 일이다. 바울은 하나님의 의를 가진 영이 진짜 우리라고 한다.

당신은 영이다. 영이 육을 가지고 있고 혼을 가지고 있다. 당신에게 죄가 없다는 말은 영이 죄가 없다는 말이다. 영은 죄를 짓지 않는다. 영이 진짜 당신이기 때문에 당신은 죄가 없다. 바울은 죄와 자신을 일치시키지 않는 것은, 영이 자신임을 알기 때문이다. 내 속에 거하는 죄라는 말은 육에 속한 혼을 두고 한 말이다.

사람을 영과 육이 있다. 육은 혼과 육으로 설명할 수 있다. 혼은 뇌를 통해 형성된다. 물질로 만들어진 뇌가 정보를 받아들이면 뇌의 지식창고에 기억되어 우리의 삶의 기준이 되고 철학이 된다. 물질인 뇌를 다치면 정상적인 혼의 생각을 할 수 없다. 혼은 우리 육신을 지배한다. 우리 안에 거하는 죄라는 말은 영이 아닌 혼에 저장된 기록을 두고 하는 말이다.

혼이 영으로 훈련되기까지 영의 생각이 아닌 육에 의한 기억으로 육을 지배한다. 영은 완전해도 혼은 영의 완전함에 대해 훈련되지 못한다. 그래서 육을 가지고 있는 이상 죄의 법이 사로 잡아 오는 것은 당연한 일이다. 바울은 혼이 사로 잡아 오는 죄를 자신과 일치시키지 않고 영이 진짜 자신임을 고백하고 있다.

완전한 영을 혼에 인식시키고 훈련할수록 영적인 삶을 살게 되고 능력의 삶을 살게 된다. 이것을 "말씀과 기도로 거룩해진다"라고 말씀하신 것이다.

바울이 "내 속 곧 내 육신에 선한 것이 거하지 아니하는 줄을 아노니 원함은 내게 있으나 선을 행하는 것은 없노라(로마서 7:18)."라고 한 말씀을 이해할 수 있을 것이다.

바울도 육신에 선한 것이 없고 선을 행하는 것이 없다고 고백한다. 예수를 믿어도 뇌를 통해 혼의 영향력이 있다는 고백이다. 나는 예수를 믿으면 죄의 법이 없어지는 줄 알았다. 사로잡아 오는 죄의 법 때문에 얼마나 죄책감에 시달렸는지 모른다. 바울도 심지어 '선을 행하길 원하지만, 도리어 원하지도 않는 악이 행해진다'라고 하고 있다. 그러나 바울은 그것이 자기가 아니라고 단언한다. 지체를 죄의 무기로 드리지 않는 모습이다.

바울은 "내가 원하는 바 선은 행하지 아니하고 도리어 원하지 아니하는 바 악을 행하는도다(로마서 7:19)"라고 하면서 "만일 내가 원하지 아니하는 그것을 하면 이를 행하는 자는 내가 아니요. 내 속에 거하는 죄니라(로마서 7:20)"라고 고백하고 있다.

죄와 당신 자신을 분리할 줄 알아야 한다. 바울이 원하지 않는데 죄를 자꾸 짓는 것은 자신의 영이 아니라 잘못 훈련된 혼이라는 것이다. 혼은 진짜 자신이 아니라는 말이다. 바울은 자신을 죄의 종으로 내어주지 않고 있다. 바울이 하는 말이 이해하기 어려울 수 있지만 예수 그리스도께서 하신 일을 마음(혼)에 키우면 가능한 일이다.

혼을 가진 우리에게 죄의 법이 사로잡아오는 것은 정상적인 일이다. 바울은 자신 안에 선을 행하기를 원하지만, 악이 함께 있는 한 법을 깨달았다고 말한다(로마서 7:21 참고).
'내 속 사람으로는 하나님의 법을 즐거워하지만, 내 지체 속에서 한 다른 법이 내 마음의 법과 싸운다(로마서 7:22-23 참고)'라는 고백한다. 심지어 그는 "내 지체 속에 있는 죄의 법으로 나를 사로잡는 것을 보는도다(로마서 7:23 하)"라고 고백한다.

바울은 죄의 법을 없애거나 이길 수 있다고 말하지 않는다. 오히려 '죄의 법이 나를 사로잡아온다'라고 주장한다. 그러면서 "오호라 나는 곤고한 사람이로다 이 사망의 몸에서 누가 저를 건져내랴(로마서 7:24)"라고 탄식까지 한다.

"마음으로는 하나님의 법을 육신으로는 죄의 법을 섬기노라(로마서 7:25)"라고 로마서 7장을 마무리하고 있다.

아무리 믿음 좋은 사람이라도 죄의 법이 사로잡아온다는 것이다. 그것이 지극히 정상적인 일이라는 것이다. 바울은 죄의 법이 올라오는 것을 없애려고 애쓰는 것이 신앙생활이 아니라고 알려 주고 싶었다.

사로잡아오는 죄의 법이 없어져야 믿음이 좋아지는 것이 아니다. 죄의 법은 없앨 수도 없고 없어지지 않는다. 가라지를 그대로 두어야 한다. 가라지를 뽑다가 알곡까지 뽑을까 염려하셨다. "주인이 이르되 가만두라 가라지를 뽑다가 곡식까지 뽑을까 염려하노라(마태복음 13:29)."

죄의 법을 알고 감사한다

마음으로는 하나님의 법을 섬기는데도 육신으로는 죄의 법을 섬기게 되는 것이 정상이라는 것을 알았다. 죄의 법을 없애 보려고 얼마나 많이 노력했던가? 없어지지 않는 죄의 법 때문에 낙심도 많이 했다. 목사가 되었는데도, 예수를 믿는데 왜 이럴까 자책하며 남에겐 말할 수도 없어 고민했다. 위선자라는 생각에 괴롭힘을 당했고 사로잡아오는 죄의 법을 없애려고 평생을 허비하며 살뻔했다. 능력 있는 전도자로 살 수 없을 뻔했다. 생각하면 소름이 돋는다. 평생 할 일을 못 하고 헛된 노력을 할 뻔했을 것을 생각하니 소름이 돋는다. 아무리 노력해도 해결되지 않는다고 실망하고 신앙을 포기했거나, 포기하려는 사람에게 알려 주어야 한다. 복음의 능력으로 흔들 깃발이 있는 사람들로 세워야 한다. 죄의 법에 묶이지 않고 예수의 이름으로 귀신을 쫓아내며 표적과 기사가 나타나는 일이 회복되도록 알려 줘야 한다. 해결되지 않는 죄의 법 때문에 여기저기를 기웃거리는 사람들을 교회로 돌려놓아야 한다.

7장은 육신으로는 죄의 법을 섬기는 것에서 해결할 길이 있음에 "우리 주 예수 그리스도로 말미암아 하나님께 감사하리로다(로마서 7:25)"라고 감사로 마무리 짓고 있다. 감사의 이유는 8장 1절 이하에 나온다.

생각

오직 의인은 믿음으로 산다.
믿음이 무엇인가? 믿음은 생각이다.
무엇을 생각하느냐가 당신의 믿음이다.

어떤 생각을 해야 바른 믿음, 큰 믿음을 가질 수 있을까? 로마서 8장은 그 해답을
명료하게 해 준다.

정죄하지 마라

이제 바울은 "그러므로 이제 그리스도 예수 안에 있는 자에게는 결코 정죄함이 없나니"라고 해방을 선포한다. 무슨 말인가? 육신으로는 죄의 법을 섬기지만 정죄하지 말라는 말이다.

죄의 법이 사로잡아온다고 하더라도 당신의 지체를 죄의 종으로 내주지 말라는 말이다. 죄의 법이 사로잡아오지만, 성령께서 생명의 법으로 죄와 사망의 법에서 해방하셔서 '하나님의 의'가 되게 했음을 생각하라는 것이다.

로마서 4장을 기억하는가? 아브라함이 그렇게도 흔들리고, 의심하고, 이스마엘을 내세우며 자기 의를 드러내며 흔들렸지만, 하나님을 믿었더니 그의 모든 행위를 건고 했다고, 흔들리지 않았다고 말씀한 것이 생명의 성령의 법이라는 것이다.

죄의 법을 없애려고 하지도, 정죄하지도 말아야 한다. 당신을 사로 잡아 오는 죄의 법은 없앨 수 없다. "그러므로 이제 그리스도 예수 안에 있는 자에게는 결코 정죄함이 없나니(로마서 8:1)." 우리가 죄의 법을 섬기는 육신을 가졌지만 정죄하지 말라고 한다. 예수 안에 있는 생명의 성령의 법이 죄와 사망의 법에서 이미 해방했다고 선언한다(로마서 8:2 참고).

육신이 연약해서 우리의 힘으로 할 수 없는 것을 하나님께서 하셨다. 자기 아들을 죄 있는 육신의 모양으로 보내어 육신의 죄를 정했기 때문에 정죄하지 말라고 한다(로마서 8:3 참고).

육신의 생각을 따라 정죄하지 말자. 하나님께서 하신 일을 받아들이자. 그것이 영의 생각이다. 영의 생각이 믿음이라고 결론을 내리고 있다. 당신은 100%의 믿음의 사람이다. 당신에게 율법의 요구는 이루어졌고 당신은 '하나님의 의'가 되었다(로마서 8:4 참고). 당신에게 죄의 법이 사로잡아온다고 하더라도 정죄하지 말아야 한다.

육신을 따르는 자는 죄의 법인 육신의 일을 생각한다. 영을 따르는 자는 영의 일을 생각한다(로마서 8:5 참고). 영의 생각을 하는 것이 믿음이다. 당신은 영의 생각을 하는 사람이다. "육신의 생각은 사망이요 영의 생각은 생명과 평안(로마서 8:6)"이며, 육신의 생각을 하면 하나님과 원수가 된다.

육신의 생각을 하면 하나님의 법에 굴복하지 않게 되고 굴복할 수도 없게 된다(로마서 8:7 참고). 하나님과 원수 된 일을 해서 되겠는가? 당신은 영의 생각을 할 수 있는 자다. 영의 생각으로 죄의 법을 덮어 버려야 한다. 할렐루야!

"육신의 생각은 하나님과 원수가 되나니 이는 하나님의 법에 굴복하지
아니할 뿐 아니라 할 수도 없음이라"

- 로마서 8:7

당신은 하나님의 법을 생각하는 사람, 영의 생각을 하는 사람이다. 당신은 믿음의 사람으로 영생을 가진 자다.

"내가 하나님의 아들의 이름을 믿는 너희에게 이것을 쓰는 것은 너희로 하여금 너희에게 영생이 있음을 알게 하려 함이라(요한일서 5:13)"고 한다. 영생이 있음을 알게 하려고 성경을 기록했다. 당신은 영생이 있음을 아는 자이고, 영의 생각을 할 수 있는 사람이다.

아담을 생각 속에 키우지 말고 영의 생각을 하자. 한 사람으로 말미암아 의가 왕 노릇 하게 되었다. 십자가의 결과로 '하나님의 의'가 된 생각, 임마누엘의 생각을 언제나, 어디서나 해야 한다. 생각의 변화가 진정한 회개이다. 회개하면 능력이 나타난다. 회개는 엄청난 복이다.

육신에 있는 자들은 하나님을 기쁘시게 할 수 없다는 것을 기억하자(로마서 8:8 참고). 영의 생각을 하는 사람은 하나님을 기쁘시게 하는 사람이다. 당신은 믿음의 사람이다.

육의 생각을 하도록 버려두지 말고 영의 생각으로 전환시키는 노력을 해라. 영의 생각에 열심을 내는 것이 신앙생활이다.

영의 생각은 감격을 낳는다

영의 생각을 하는 것이 회개다. 영의 생각으로 성경을 재조명해 보라. 성경 전체가 복음으로 보이고, 복음의 비밀이 열려 성경이 쉬워질 것이다. 영의 생각은 언제나, 어디서나 당신을 견고하게 해 줄 것이다. 성령의 능력이 나타나고 귀신이 먼저 알아보는 일이 일어날 것이다. 어마어마한 하나님께서 당신 안에 들어와 계시기 때문이다.

임마누엘은 엄청난 일이다. 하나님은 당신 몸을 성전 삼으시고 좌정하셨다. 지금도 당신의 몸 안에 있는 보좌로부터 쉬지 않는 찬양이 울려 퍼지고 있다. 영의 눈으로 보라. 당신 몸을 성전 삼으시고, 보좌를 가운데 두시고, 주님이 좌정하셨고, 주변엔 천군 천사들이 경배와 찬양을 돌리며, 이십사 장로들이 함께 영광을 돌리고 있다.

육신의 귀엔 들리지 않고, 보이지 않지만, 보이는 세계와 보이지 않는 세계가 한 공간에, 같은 시간에 존재한다.

이러한 실제를 받아들이는 영의 생각은 견고함을 준다. 믿음의 사람으로 살 수 있게 해준다. 믿음이 큰 사람으로 살길 원한다면 영의 생각만 해라. "복음에는 '하나님의 의'가 나타나서 믿음으로 믿음에 이르게 하나니 기록된바 오직 의인은 믿음으로 말미암아 살리라 함과 같으니라(로마서 1:17)"라고 한 말씀이 이해가 될 것이다.

로마서 8장 뒷부분은 영의 생각을 할 때 나오는 감격의 고백이다. "우리가 알거니와 하나님을 사랑하는 자 곧 그의 뜻대로 부르심을 입은 자들에게는 모든 것이 합력하여 선을 이루느니라(로마서 8:28)."

영의 생각만 한다면 항상 감격의 사람이 될 것이다. 말씀과 기도로 훈련하고, 모든 염려를 주께 맡기면, 항상 기뻐할 수 있다. 범사에 감사할 수 있다.

로마서 8장 35절부터 39절까지의 감격의 고백을 함께 올려 드리자. 이 고백은 영의 생각을 하는 사람만이 할 수 있는 고백이다.

35 누가 우리를 그리스도의 사랑에서 끊으리요 환난이나 곤고나 박해나 기근이나 적신이나 위험이나 칼이랴

36 기록된 바 우리가 종일 주를 위하여 죽임을 당하게 되며 도살 당할 양 같이 여김을 받았나이다 함과 같으니라

37 그러나 이 모든 일에 우리를 사랑하시는 이로 말미암아 우리가 넉넉히 이기느니라

38 내가 확신하노니 사망이나 생명이나 천사들이나 권세자들이나 현재 일이나 장래 일이나 능력이나

39 높음이나 깊음이나 다른 어떤 피조물이라도 우리를 우리 주 그리스도 예수 안에 있는 하나님의 사랑에서 끊을 수 없으리라

PART 3

능력을
나타내라

능력은 더 받는 것이 아니다. 모든 능력은 이미 당신에게 주셨다. 당신에게 있는 것을 발견하고 복음으로 깨우기만 하면 된다. 십자가 부활을 통해 주신 성령의 능력은 우리를 떠난 적이 한 번도 없다.

능력을 더 받으려고 하는 것은 주신 능력을 인정하지 않고 내가 만들어 내려는 교만이 된다. 능력을 더 받으려고 하면 오히려 능력을 잠재우게 된다. 이미 주신 것을 발견하고 깨우면 능력의 삶이 시작된다. 주신 능력을 발견하고 깨우는 것이 능력 있는 삶의 출발이다.

당신 안에 잠재운 성령의 능력을 로마서를 통해 발견하고 깨워라. 반복해서 임마누엘의 복을 생각하고 말하고 주장하라. 그리고 나타내라.

당신은 전도자다

전도자임을 알고 사는 사람이 적다. 전도 활동을 해야 전도자인 줄 알고 있기 때문이다. 전도 활동을 하든지, 하지 않든지 당신은 전도자다. 전도자임을 알 때 전도가 쉬워지고 전도의 열매도 많아진다.

예수님은 잘 가르치셨고, 전도하셨고, 치유하셨다. 이것을 예수님의 삼대 사역이라고 부른다. 우리도 예수님의 사역을 하고 있다. 가르치고 전도하고 치유하는 일을 예수님처럼 동시에 해야 한다. 예수께서 하신 삼대 사역을 하기 위해서는 먼저 당신이 삼대 사역자임을 믿어야 한다. 당신이 삼대 사역자임을 믿지 못한다면 예수께서 하신 삼대 사역을 확신 있게 감당할 수 없다.

믿음으로 당신에게 있는 능력을 인정하고 전도자임이 확신하면 예수께서 하신 삼대 사역을 통해 부흥을 가져올 것이다.

당신은 전도자다

　전도자임을 발견하기 위해 전도자라는 믿음을 가져야 한다. 왜냐하면, 오직 의인은 믿음으로 살기 때문이다. 전도자인 것을 믿지 못하는데 전도자로 살 수 없다. "나는 전도자입니다."라고 자신 있게 소개할 수 있을 정도로 전도자라는 의식에 잠겨야 한다. 자신을 분명히 알면 아는 대로 삶을 살게 된다. 당신 안에 잠재운 성령의 능력을 깨우려고 하는 이유도 전도자의 삶을 효과적으로 살 수 있도록 하기 위해서이다.

　예수 믿은 당신이 이 땅을 사는 이유는 유일하다. 당신은 전도하기 위해 이 땅을 산다. 전도를 많이 해야 전도자가 되는 것이 아니다. "말씀하시되 나를 따라오라 내가 너희를 사람을 낚는 어부가 되게 하리라(마태복음 4:19)"라는 말씀을 믿는 사람은 다 전도자가 되었다. 말씀에 기록한 대로 믿어야 한다. 말씀대로 주님을 따르는 모든 사람은 사람 낚는 어부다. 믿는 사람은 숨 쉬고 사는 자체가 전도다.

　요셉은 이집트로 혼자 팔려 갔다. 우울증에 걸릴 조건은 충분했다. 그러나 그는 임마누엘의 기쁨에 빠져든 사람이었다. 모여서 예배를 하거나 함께 찬양할 수 있는 여건이 되지 않았지만, 임마누엘을 만끽하며, 열심히 살았다.

우리는 이 땅에 사는 자체가 전도자의 삶이다. 요셉을 볼 때 하나님과 함께함을 보았던 것처럼 세상이 우리를 볼 때 하나님이 함께하는 사람임을 보게 될 것이다.

기억하라. 당신이 노력해서 사람 낚는 어부가 된 것이 아니다. 예수를 믿었더니, 주께서 당신을 사람 낚는 어부로 만드셨다. 그래서 당신은 전도자다. 전도자임을 알고 기도로 부르짖고 주장하며 자신에게 전도자라고 말하며 이 땅을 살아야 한다. 당신은 전도자로 이 땅을 살고 있다.

신대원을 졸업하고 시골교회 담임으로 갔다. 당시 성경 읽기와 기도로 불이 붙어있기에 전도도 잘 할 수 있을 것 같았다. 부임한 며칠 뒤 예배당 옆집에 인사도 드릴 겸 전도하기 위해 방문했다.

옆집 아저씨는 기다렸다는 듯, 교회 욕을 하기 시작했다. 새벽부터 시끄럽다는 둥, 여름에 문을 못 연다는 둥, 여러 가지 이야기를 하며 공격하는데 전도하러 갔던 나는 언어장애인이 된 것 같았다. 무슨 말을 어떻게 하면서 전도해야 할지 말 한마디 하지 못하고, 쫓겨나다시피 돌아왔다.

너무나도 창피하고 비참했다. 전도할 줄 안다고 생각했는데 아무 말도 할 수 없는 전도 못 하는 바보 같아 보였다. 예배당에 들어가 "주님, 저는 전도 못 하는 영적 바보입니다"라고 전도 훈련이라도 시켜달라고 소리치며 기도했다. 전도할 수 있다고 생각했는데 전도 현장에서 한마디도 할 수 없었다. "교회 한 번 와 보세요. 예수 믿으세요."라는 말을 하고 나서는 더 할 말이 없었고, 상대방의 공격적인 말에 정신마저 몽롱해졌다. 상대방의 강한 어조에 정신적 공황 상태였다.

전도 훈련받을 곳을 찾던 중 C.C.C에서 교역자를 대상으로 NLTC 훈련을 시키는 곳을 알게 되었다. 난생처음 받아 보는 전도 훈련이었다. 사영리를 철자 한자 안 틀리게 암송하며 훈련을 받은 후 현장에도 나갔다.

훈련을 받는 내내 마음에 올라오는 감격이 있어 마음으로 울면서 전도 훈련을 받았다. "주님, 신학교에 전도 훈련이 없는데 이런 전도 훈련이 신학교에도 들어가게 해주십시오"라는 기도를 했던 것이 기억난다. 마음에 흐르는 눈물을 다른 사람이 볼 수는 없었지만, 감동의 시간이었다. 그 후 여러 전도 훈련을 받으며 수천 명에게 전도할 수 있었고, 지금까지 일 천명 이상에게 예수님을 영접시켜 하나님의 자녀로 살도록 도와준 전도자로 살고 있게 되어 너무 감사하다.

오늘도 나는 전도자임을 알고 있다. 기회만 있으면 전도자는 전도해야 한다는 생각을 한다. 우리 교회에도 나를 통해 예수를 믿게 된 분이 있다. 그분들을 뵐 때마다 남다르게 보이는 것은 당연한 일일 것이다.

전도 훈련을 받지 못했어도 당신은 전도자이다. 주님께서 전도자로 부르셨기 때문이다. 당신도 전도자임을 믿어야 한다. 전도자임을 인정하라. 전도자임을 믿는 것이 전도의 출발이라 할 수 있다. 손을 뻗어 전도자임을 취해라. 천국은 손을 뻗어 취해야 한다. 전도 훈련을 받게 해 달라고 기도도 하고 기회를 내어 전도 훈련도 받을 수 있으면 받으라. 도움이 될 것이다. 가장 좋은 전도 훈련은 직접 전도하는 것이다. 전도엔 왕도가 없다. 간절한 마음만 있으면 성령께서 전도를 도와주시고, 천사들도 도와준다는 것을 보게 될 것이다. 전도 방법이 따로 있는 것이 아니다. 전도자임을 알고 전도하다 보면 나만의 전도 방법이 생김을 보게 될 것이다. 우리는 모두 다 전도자이다.

기회는 바람처럼 왔다가, 바람처럼 지나간다. 기회는 준비된 자만 볼 수 있고, 잡을 수 있다. 전도의 기회가 그렇다. 전도자임을 알고, 마음으로 준비하고, 훈련의 기회를 만들도록 준비하라. 전도자임을 알고 기도하면, 전도의 기회는 반드시 온다.

당신이 전도할 때 성령께서 도우실 것이다. 전도자라는 생각을 잊지 마라. 그리고 전도할 때 역사하실 성령님을 기대하라. 내가 아는 사람, 내가 만난 모든 사람에게 예수 믿게 도와줘야 한다.

당신은 사람들을 지옥에서 천국으로 건져내는 전도자이다. 당신 안에 잠재운 성령의 능력을 깨우려는 이유는 전도하기 위함이다.

당신이 전도할 때 천사가 돕고, 성령께서 도우신다

전도할 때 성령께서 도우시고, 천군 천사들이 돕는다. 전도자로 살면 당신 안에 잠재운 성령의 능력이 복음으로 깨어날 것이고 전도할 때 성령의 도우심을 보게 될 것이다.

시청 공무원인 조 집사님과 함께 박 씨를 전도하기 위한 공동 작전으로 점심시간에 식사하도록 약속했다. 시간이 넉넉지 않기 때문에 밥을 먹으며 초면인 박 씨께 "박 선생님, 하나님께서 박 선생님을 사랑하시는데, 하루라도 빨리 하나님 품으로 오시지요"라는 말에 박 씨는 울기 시작했다. 식사 중에 계속 울고 있으니 밥도 먹지 못하고 서로 난처하게 되었다.

"박 선생님, 저도 밥을 먹을 수 있도록 울지 마시고 식사하도록 합시다."라는 말을 듣고는 억지로 양쪽 볼에 밥을 불룩하게 모으기만 했다. 식사를 하는 둥 마는 둥 식사를 마치고, 업무 자리로 돌아간 박 선생은 앉자마자 대성통곡이 터져 버렸다. 놀란 직원이 진정하고 들어오라고 밖으로 내보냈다. 이 광경을 보고 있던 조 집사는 박 씨를 태워 우리 교회로 차를 몰았다. 나도 전화를 받고 급히 뒤따라 교회당으로 들어오게 되었다.

박 씨에게 왜 그러는지 물었더니 "목사님께서 아까 '하나님께서 사랑하시는데 하나님 품으로 돌아오라'라는 말씀을 하는데 가슴에 불덩어리가 떨어지는 것 같더니 이상하게 울음이 멈추어지지 않습니다"라고 하면서 계속해서 우는 것이었다. 신기한 일이었다.

박 씨께 예수님을 영접시키고, 짧은 기도하는 법을 가르쳐 주었다. 그날이 금요일이었는데 금요일과 토요일과 주일에 교회당에 오기까지 박 씨는 계속 울었다는 것이다. 주일이 기다려지고 빨리 교회 오고 싶어 주일 예배에 달려와 난생처음 예배를 드렸고 빠른 신앙 성장을 보였다. 그녀는 예수를 잘 믿는 믿음 좋은 집사가 되었고, 전도자의 삶을 살고 있다.

이렇게 전도할 때 성령께서 도우시고 천사는 바빠진다. 육신의 눈에는 보이지 않지만 사실이다. 전도를 내가 하는 것 같아도 성령께서 하신다. 늘 이런 일이 있는 것은 아니지만, 전도하다 보면 이런 일이 일어나기도 한다.

나는 전도 현장의 간증을 많이 가지고 있다. 특별한 사람에게만 주어지는 간증이 아니다. 당신도 전도자로 살 때 간증과 추억이 쌓여갈 것이다. 당신은 전도자이다. 잊지 마라. 전도자을 천사가 돕고 있고, 성령님께서 돕고 계신다. 믿어야 전도할 때 믿음의 역사가 쉽게 일어난다. 하나님의 역사가 있음을 믿어야 전도자로 살 때 성령께서 역사하시는 경험을 하게 된다. 전도자로 사는 당신에게 재미난 간증들이 쌓여 갈 것이다. 당신은 천사가 함께하고 성령께서 도와주는 전도자이다. 전도자라는 믿음은 당신에게 전도하는 행함을 가져오게 할 것이다.

전도하지 않았다면 성령의 역사를 보지 못할뻔한 일이 많다. 찻집에서 만난 손 집사는 전도자가 되어 많은 전도의 열매를 맺고 있다. 그녀는 보험사 15년 차 직원으로 지인의 카페 개업 예배에서 나를 처음 만났다. 개업 예배를 마친 후 느지막이 축하하러 온 이유를 나중에 알게 되었는데 예배를 마친 후 늦게 오면 목사를 만나지 않을 것이라는 생각으로 늦게 왔다고 했다.

그녀에게 전도자의 발동이 일어났다. 초면인 그녀는 불교에 깊이 빠져 있던 터라 전도하는 말에 귀를 기울이지 않았고 내가 하는 말은 허공을 때리며 돌아오는 것 같았다. 말이 튕겨 나오는 싸늘한 분위기 때문에 빨리 헤어지고 싶어 헤어지려는 인사를 나누는데 "네가 전도자인데 이 여인을 그냥 보내면 이 여인은 어떻게 되느냐?"라는 강한 성령의 음성이 들렸다. 악수를 청한 나는 그녀의 손을 놓아주지 않았다. 적어도 5분은 잡고 있었던 것 같다. 처음 만난 여인의 손을 잡고는 "약속합시다. 이번 주일에 교회 온다고 하면 놓아드리겠습니다"라고 실랑이를 했다. 그녀는 "이런 강제적인 법이 어디 있습니까? 놓으세요"라고 핀잔을 주었지만, "에, 죄송합니다. 그래도 저는 자매님을 오늘 꼭 잡아야겠습니다. 예수님께서 금방 제 마음에 '이렇게 그냥 헤어지면 이 여인이 어떻게 되느냐'라는 음성을 들려주셨습니다. 이번 주일에 한 번만……"하고 실랑이가 제법 오고 갔다. 시간을 끌다가 기어이 그녀에게 약속을 받고야 말았다.

그녀는 한 번만 온다고 약속했던 조직에 몸을 담게 되었고, 주님의 자녀가 되었다. 그때까지 섬기던 집에 차려 둔 우상을 철거했다. 기적적으로 예수님을 영접했고, 그녀는 믿음 좋은 전도자가 되었다. 많은 분을 전도했으며, 전도하는 것을 인생의 의미로 여기고 있다. 반강제적으로 전도해서 그런지 그녀도 다른 사람에게 비슷하게 전도할 때도 있다는 생각이 들 정도이다. 그녀를 그때 전도해 주지 않고 그냥 헤어졌다면 그녀는 어떻게 되었을까 하는 생각을 하곤 한다.

전도자는 기회가 왔을 때, 전도한다. 전도자인 줄 알고 살면 기회가 왔을 때, 전도할 수 있다. 전도하다 보면 신기한 일도 일어난다.

전도자에겐 간증이 많다. 감사한 일이다. 당신도 전도자이다. 당신이 전도할 때 천사는 할 일이 있게 된다. 춤을 추며 달려와 도울 것이다. 전도할 때 능력이 나타난다. 당신에게 전도자의 능력이 있다는 것을 기억하라. 전도할 때 제일 많이 능력이 나타난다. 전도할 때 표적과 기사도 나타난다. "제자들이 나가 두루 전파할새 주께서 함께 역사하사 그 따르는 표적으로 말씀을 확실히 증언하시니라(마가복음 16:20)."

2장

당신은 치유사역자다

예수님은 잘 가르치셨고, 전도하셨고, 치유하셨다. 이것이 예수님의 삼대 사역이다. 우리도 예수님의 사역을 하고 있다. 가르치고 전도하고 치유하는 일을 예수님처럼 동시에 해야 한다.

치유 사역을 두려워하거나 하지 않는 것은 몰라서 그렇고, 월권이다.

당신은 한 달란트 받은 사람처럼 땅에 묻어두는 일이 없어야 한다. 당신에게 치유의 권세가 있다.
당신에게 있는 치유의 권세가 치유의 능력이 되게 하려면 치유의 권세를 많이 사용해야 능력으로 나타난다.

당신은 치유사역자다

예수께서 기회만 있으면 가르치시며, 전도하시며, 치료하셨다. 세 가지 사역을 동시에 하셨다.

복음을 잘 가르칠 수 있도록 해야 한다. 아는 복음 정도로 만족하면 안 된다. 가르칠 수 있는 복음이 되어야 한다. 예수님은 잘 가르치셨다. 가르치시는 동시에 전도하셨고 이 땅에 전도하시기 위해 오셨다고 하셨다. 우리도 전도하기 위해 이 땅에 있다. 동시에 예수님께서는 병자를 치유하셨다. 많은 사람에게 삶의 희망을 주셨다(마태복음 9:35 참고). 세 가지 사역을 동시에 하셨다는 것을 기억하고 당신도 그렇게 해야 한다.

예수님께서 행하신 치유 사역은 사람들이 모이는 원동력이 되었다. 전도하려면 믿지 않는 사람이 있어야 전도할 수 있고, 가르칠 수 있다. 삼대 사역을 동시에 하셨기에 사람들이 모여든 것을 잊지 말아야 한다. 제자들에게도 같은 사역을 할 수 있는 권능을 주셨다(마태복음 10:1, 마가복음 3:14). 교회사 속에 급속도로 성장하는 교회의 특징은 신유와 축사와 기적과 표적 같은 많은 특징이 나타난다. 교회는 성장하는 것이 하나님의 뜻이다.

성경은 두 가지를 강조한다. 첫째는 "예수가 누구신가"를 보여 준다. 둘째는, "예수께서 왜 이 땅에 오셨는가"를 말씀하고 있다. 항상 이 두 가지를 성경에서 보아야 한다. 치유 자체가 목적이 되어선 안 된다. 예수께서는 치유하실 때, 단순히 치유만 하신 적이 없으시다. 치유를 통해 "예수가 누구신가"를 알기를 원하셨다.

중풍 병자를 메고 와서 지붕을 뜯고 환자를 내려보냈을 때 "네 죄 사함을 받았느니라(마가복음 2:5)"라고 하셨다. 사람들은 신성 모독한다고 마음에 생각했다. 사람들은 중풍 병을 치료하는 것보다 눈에 보이지 않는 죄 사함을 받았다고 하는 말을 하기가 더 쉽다고 생각했다(마가복음 2:9 참고). 그러나 예수께서는 "예수가 누구신가"를 알리시길 원하셨다.

병 고치는 일은 말씀만 하시면 되는 일이지만 죄를 사하는 일은 말씀만으로 되는 일이 아니라 예수 그리스도께서 돌아가셔야 하는 엄청난 일인 줄을 사람들은 몰랐다. 예수께서 치유만을 위해 치유하신 적이 한 번도 없다. 항상 "예수가 누구신가"를 알리시기 위해 치유하셨다.

당신도 무엇을 하든지 "예수가 누구신지를 알리는 것"을 중심에 두어야 한다. 어떤 치유 사역을 하든지 예수를 전하는 핵심을 잊지 말아야 한다. 모든 일을 통해 "예수가 누구신가"를 알리기 위한 사역임을 잊지 말자.

치유사역자인 당신은 치유의 목적을 항상 기억하며 치유해야 한다. 언제, 어디서, 무슨 일을 하든지 예수께서 누구신지를 알려야한다.

당신이 치유사역자임을 믿고 확신하라. "믿는 자들에게는 이런 표적이 따르리니 곧 그들이 내 이름으로 귀신을 쫓아내며 새 방언을 말하며 뱀을 집어 올리며 무슨 독을 마실지라도 해를 받지 아니하며 병든 사람에게 손을 얹은즉 나으리라 하시더라(마가복음 16:17-18)"라고 하셨다. 예수의 이름으로 병든 사람에게 손만 얹으면 낫는다고 했다.

많은 것이 필요한 것이 아니다. 말씀대로 믿는 믿음만 필요하다. 말씀대로 당신은 전도자인 동시에 치유사역자이다.

예수의 이름으로 손만 올리면 낫는다. 손만 올리면 된다고 했는데 무언가 더 있어야 한다고 생각하기 때문에 치유가 줄어든다. 예수 이름이면 충분하다. 어떤 다른 것이 더 필요한 것이 아니다. 예수 이름이면 충분하다. 오히려 다른 것을 더하면 치유가 일어나지 않는다. 어떤 능력을 더 받으려고하거나 당신 스스로 하려고하는 열심을 오히려 내쫓아야 한다.

"그러나 성경이 무엇을 말하느냐 여종과 그 아들을 내쫓으라 여종의 아들이 자유 있는 여자의 아들과 더불어 유업을 얻지 못하리라 하였느니라(갈라디아 4:30)"

"내가 증언하노니 그들이 하나님께 열심이 있으나 올바른 지식을 따른 것이 아니니라 하나님의 의를 모르고 자기 의를 세우려고 힘써 하나님의 의에 복종하지 아니하였느니라(로마서 10:3)"

올바른 지식을 따른 열심히 필수적이다. 그렇지 않으면 하나님의 의를 모르고 자기 의를 세우려고 힘써 하나님의 의에 복종하지 아니하는 결론을 낳게 된다고 했다. 믿는 자가 예수의 이름으로 병든 자에게 손만 얹으면 된다고 하셨다. 말씀에 기록한 대로 믿어야 한다.

당신은 예수께서 누구신지를 알리기 위한 치유사역자이다. 당신은 예수님께서 하신 가르치며 전도하며 치유하는 삼대 사역을 예수님처럼 그대로 따라 하므로 예수께서 누구시며, 예수께서 왜 이 땅에 왔다 가셨는지를 모든 사람에게 알려야 하는 사명을 가지고 이 땅에 태어난 치유사역자다. 당신은 더 많은 뚜렷한 표적을 일으켜 예수를 이 땅에 나타내는 일을 믿음으로 행해야 한다. "무엇이든지 원하는 대로 구하라 그리하면 이루리라(요한복음 15:7)"라고 하셨다.

치유를 마가복음을 통해 잘 배울 수 있다. 마가복음은 행동 복음이라고도 하는데 행동하심으로 나타난 기사와 표적이 많이 기록되어 있다. 하신 행동은 생각보다 간단하다.

마가복음 1장에 보면 "잠잠하고 그 사람에게서 나오라"라고 간단히 귀신을 쫓으시는 것을 볼 수 있다. 시몬의 장모가 "열병으로 누워 있는지라…… 그 손을 잡아 일으키시니……"라고 간단한 행동을 하셨는데 열병이 떠나고 여자가 그들에게 시중들었다.

놀랍지 않은가? 의외로 간단하게 말씀하고 행동하심을 본다. 복잡하게 할 필요가 없다. 권세 있으신 예수님의 이름으로 치유할 수 있다. 당신도 이렇게 간단하게 행동하기 위해서는 당신이 치유사역자라는 말씀을 붙잡고 기도하면 된다. 기도 외에 이러한 일이 나타나지 않는다. 말씀과 기도로 거룩해진다. 당신이 치유사역자라는 말씀을 붙잡고 예수님의 이름으로 간단히 치유할 수 있다는 뜨거운 마음이 생길 때까지 기도하면 성령께서 도우신다.

천사들은 우리를 돕기 위해 만들어진 사자들이다. 지금도 하나님의 명령을 따라 우리를 돕고 싶어 준비태세를 갖추고 있다. 우리가 영으로 기도할 때 천사는 바빠진다. 빠른 날갯짓을 하며, 예수의 이름을 선포하는 곳에 천사는 달려온다. 치유는 우리의 힘으로 하는 것이 아니다. 그래서 쉬운 일이다. 예수님은 구만리 장천에 계신 분이 아니다. 너무 가까이 함께하신다. 당신의 손이 하나님께서 함께하는 손임이 믿어져 흥분이 일어날 때까지 기도해보라. 손만 얹으면 치유된다니 너무 쉬운 일 아닌가!

치유를 배워라. 강아지는 영어를 배울 수 없다. 사람이 영어를 배울 수 있는 것은 사람 속에 말을 할 수 있는 능력이 있기 때문이다. 당신이 치유를 배워야 하는 것은 치유할 수 있는 권세가 있기 때문에 배워야 한다. 예수께서도 제자들을 데리고 다니시면서 보여 주시고 배우게 하셨다. 믿지 않는 사람은 치유를 배울 수 없다.

마가복음에 기록한 그대로를 기도로 연습하며, 배우려고 해야 한다. 치유의 방법을 마음에 품기를 좋아해 보라.

마가복음 2장에 한쪽 손 마른 사람이 나온다. "네 손을 내밀라"라고 하셨다. 내밀매 회복되었다. 너무 간단하고 단순하다. 예수님처럼 간단하게 믿음으로 따라 하겠다고 성경을 붙잡고 많이 기도하라. 예수께서 하신 일이 내 것이라고 주장하고 선포해보라. 마음속에 분명하게 "내 것이구나!"라는 생각이 들 때까지 기도하고, 선포하고, "나는 치유사역자이며 예수님처럼 할 수 있다"라고 자신에게도 말해 보라.

믿는 자에게는 권세가 있다. 권세와 능력은 다르다. 운전면허증 가지고 있는 것과 운전을 잘하는 능력과는 별개의 문제이다. 운전면허증이 있어도 장롱 면허증이 많다. 어떡해야 운전을 잘할 수 있는 능력이 생기는가? 운전을 많이 해야 한다. 치유도 마찬가지이다. 믿는 자는 똑같은 치유의 권세를 받았다. 그러나 치유하는 능력은 사람마다 다르다. 어디서 차이가 날까? 치유를 많이 해 본 사람이 치유의 능력이 많이 나타난다. 치유를 계속 선포하는 사람에게 다른 사람보다 더 많은 치유가 나타남을 쉽게 알 수 있다. 치유를 선포할 때 믿음이 성장한다. 예수의 이름으로 손을 얹으며, 낫든지 낫지 않든지 상관하지 말고 믿음으로 치유를 계속한다면 치유의 능력은 향상될 것이다. 그런데 대부분 장롱 권세로 만들어 버린다. 치유사역자임을 잊지 말고 치유하는 일을 많이 해야 한다. 장롱 치유사역자로 마치지 말아야 한다.

예수를 믿고, 다른 무엇을 해야 능력이 임하는 것이 아니다. 그렇게 생각하는 것은 다른 복음이다. 다른 복음은 없다. 믿는 자에게 권세가 임했다. 당신은 치유사역자이다. 주님이 그렇게 말씀하셨다. 믿는 자에게는 이런 표적이 따른다고 하셨다. 당신은 당신에게 임한 권세를 발견하고, 능력이 되도록 만들 책임이 있다. 한 달란트 받은 자처럼 묻어두어 악하고 게으른 종처럼 해서는 안 된다.

당신이 사역할 때 천사가 돕고, 성령께서 도우신다

바울은 "당신 안에서 강력하게 역사하시는 하나님의 능력이 얼마나 크고 엄청난지 알아라(에베소서 1:19 새번역 참고)"라고 하면서 지혜와 계시의 영이 임한 믿음의 사람임을 말씀하고 있다.

그렇다. 당신 안에 강력하게 활동하시는 하나님의 능력이 항상 엄청나게 일어나고 있다. 당신 안에 이런 일이 있다는 것을 상상이나 할 수 있는 일인가? 이런 당신을 발견하기 위해 말씀하시는 당신을 인정하고 주장하는 영의 기도를 열정을 가지고 해 보라.

하나님께서 당신 안에 영원히 게셔서 강력히 활동하신다. 그래서 예수 그리스도를 이 땅에 보내 주셨고 십자가를 지게 하셨다. 이 사실을 알고 인정함으로 감격과 확신으로 사역한다면 성령께서는 기뻐하며 도우실 것이고 천사는 당신이 선포한 일을 이행하기 위해 바쁘게 된다.

당신이 치유 사역을 시작하면 천군 천사들은 날갯짓하며 날아오를 것이다. 예수 그리스도가 어떤 분이신지를 알리기 위해 하는 일을 천사는 적극적으로 도울 것이고, 성령께서는 감화와 감동으로 역사하실 것이다.

예배와 찬양 시간은 천사와 함께 경배하는 시간이고, 성령의 운행하심이 크게 있는 시간이기에 치유의 역사가 당연히 일어난다. 예배하기 위해 예배실에 들어오기만 하는데도 천군 천사가 돕고 성령께서 도우셔서 치료되어 버리는 경우가 많다. '여호와 라파'이시다. 하나님은 치유를 기뻐하신다.

천국은 침노하는 자의 것이기 때문에 치유를 더 갈망하고 간절히 사모해야 한다. 당신은 이미 주신 것을 손을 뻗어 잡으려 해야 한다. 당신이 믿음의 손을 뻗기만 하면 취할 수 있고, 너무 쉽다는 사실을 알게 되면, 당신은 치유 사역을 날마다 할 수밖에 없을 것이다.

당신이 일할 때, 치유 사역할 때 천사는 바빠지고, 성령께서 보이는 세계를 뚫고 나타나신다. 손을 뻗는 일은 당신이 할 믿음의 일이다. 당신에게 임한 성령의 역사를 취하는 일은 당신의 몫이다. 영의 기도를 많이 할수록 이런 마음이 생기게 된다. 그러기에 기도 외에 이런 일이 일어나지 않는다고 하신 것이다. 말씀을 믿고 당신이 치유사역자임을 알고 치유와 표적을 상상하며 흥분이 일어나기까지 기도하기로 결단하고 기도를 시작해 보라.

기도할 때 생긴 생생한 믿음으로 사역할 때 성령님께서는 적극적으로 역사하시고 천사들이 즐거워 돕는다. 사역하지 않으면 치유가 일어나지 않는다는 사실을 알게 되면 적극적인 사역의 현장을 만들 수밖에 없을 것이다. 치유를 선포해야 성령께서 역사하심이 강하다. 말씀만 전하고, 기도와 찬양만 드리고 예배를 마치지 않도록 하라. 예배를 드릴 때 치유를 선포하지 않는 이유는 선포할 때 치유된다는 사실을 알지 못하기 때문이다. 당신이 일하고 사역하면 천사는 도울 것이고, 성령께서도 강력한 기름부음으로 나타날 것이다.

치유는 특별한 능력을 더 받아야 할 수 있는 사역이 아니다. 당신에게 치유의 권세가 있다. 치유 사역을 할 때 천사가 돕고, 성령께서 도우신다는 사실을 믿고 하면 된다. 당연히 치유가 일어날 수밖에 없다는 믿음이 생기도록 기도하는 일만 하면 된다.

"나는 치유사역자다. 내 안에 성령의 역사가 넘쳐난다. 나에게 하나님이 함께 하신다. 나는 전도자이다. 내가 일하고 사역할 때 천사가 돕고, 성령께서 도우신다."라고 자주자주 당신 자신에게 말해 주는 일은 믿음을 갖게 해 주는 방법이 된다. 마음으로 믿고 입으로 시인할 때 믿음은 자라난다. 먼저 당신 생각 속에서 치유가 일어나는 것을 보도록 해야 한다. 기도하면 그렇게 된다. 내가 말할 때 치유가 일어난다는 생각으로 가득 채워질 때까지 선포하고 말하고 주장한다면 치유사역자로서 능력을 마음껏 발휘할 수 있게 된다. 기도로 주장하고 선포해보라.

치유에 관한 이야기를 많이 해야 한다. 예수님께서 하신 치유를 많이 말해야 한다. 간증도 하며, 자신에게, 다른 사람과 치유에 관한 대화도 많이 할 수 있으면 좋다.

또 치유에 관한 말씀을 듣는 일을 기뻐하며 치유 동영상이나 간증을 듣는 일을 즐기면 치유에 관한 믿음이 더욱 생길 것이다. 들음을 통해 믿음이 생기기 때문에 당신 생각 속에 치유의 믿음이 가득 생기도록 치유에 대한 말씀을 많이 듣고 말하려고 하는 것이 좋다. 자신에게도 믿음의 말을 반복해서 해 주는 것이 좋다. 당신의 생각에 치유에 대한 생각이 가득 차게 되면 치유가 일어나기 시작할 것이다. 치유 집회를 따로 구별할 필요는 없다. 가르치고 선포하고 치유하는 일을 동시에 한다고 생각해라.

치유에 관한 책을 옆에 두고 읽는 일은 잘하는 일이다. 나는 치유에 관한 책을 수십 권을 읽었다. 그중 여러 번 읽은 책들이 많고, 어떤 책은 100번 이상을 읽은 책도 있다. 치유에 관한 책을 읽고 그대로 따라 하려고 노력도 많이 했다. 책을 읽으니 나도 할 수 있다는 생각이 생기는 경험을 했다. 그대로 따라 했는데 똑같은 치유의 역사가 일어나는 경험을 하면서 치유는 믿는 자면 할 수 있다는 믿음이 생겼다. 치유에 관한 책을 옆에 두고 읽을 것을 권한다.

치유하는 일이 가르치거나 설교보다 어렵다는 잘못된 생각을 버려라. 치유는 설교보다 쉽다. 특별한 능력이 더 필요하다는 생각 때문에 가르치기만 하고 치유를 선포하지 않는 것 같다. 치유 집회를 따로 열 필요는 없다. 그러나 치유 집회 때 치유가 많이 일어나는 이유가 무엇일까? 치유를 많이 말하기 때문이다. 또 치유를 많이 선포한 경험이 많은 사역자가 사역하기 때문이다. 특별한 능력이 있어서 치유의 역사가 많이 일어나는 것이 아니다.

당신도 강력한 치유사역자이다. 당신이 일하고 사역할 때 천사가 돕고, 성령께서 도우신다는 사실을 기억하고 치유사역자로 치유하는 일을 실천하라. 나는 수백 건의 치유의 경험을 했다. 당신도 그럴 것이다.

3장

당신은 가르치는 자다

가르치는 것은 중요하다. 배운 대로 생각하고 살기 때문이다. 예수님은 잘 가르쳤다. 성령의 사람 베드로도 잘 가르쳤다. 가르침을 통해 복음이 증거된다.
"내가 너희에게 분부한 모든 것을 가르쳐 지키게 하라 볼지어다 내가 세상 끝날까지 너희와 항상 함께 있으리라 하시니라(마태복음 28:20)"라고 모든 것을 가르쳐 지키게 하라고 마지막 부탁도 하셨다.

아는 수준의 복음에서 멈추어서는 안된다. 가르칠 수 있는 복음이 되도록 복음을 이해하고 알아야 한다. 더 나아가 누리는 복음이 되도록 복음을 알아야 한다. 아는 복음으로 가르치고 전도하는 것은 능력이 없다. 누리는 복음이 될 때 가르침과 전도는 힘이 실리게 된다.

누리는 복음이란 복음 때문에 행복한 삶을 사는 것을 말한다. 복음으로 행복한 삶을 살려면 하나님을 사랑하게 될 때 가능하다.
누리는 복음은 저절로 가르치게 되고 전하게 된다. 누리면서 전하는 복음은 혼자 다 전할 수 없음을 알고 보내는 복음의 사람이 되는 것은 당연한 일이다.

잘 가르치는 것보다 바로 아는 것이 더 중요

알고 있는 복음에서 가르칠 수 있는 복음이 되어야 한다. 가르치는 것은 중요하다. 다른 사람에게 복음을 분명하게 이해하도록 가르치고, 그가 또 다른 사람에게 복음을 가르치도록 가르쳐야 한다. 성령 충만하도록 가르치고, 그가 또 다른 사람에게 성령 충만을 가르칠 수 있게 가르쳐야 한다.

"나는 성령 충만한 전도자라"라고 고백하도록 가르치고, 그렇게 다른 사람에게 말할 수 있도록 가르치게 해야 한다. "나는 치유사역자다"라고 말하며, 고백하도록 가르치고 또 다른 사람에게 그렇게 말하도록 가르칠 수 있도록 가르쳐야 한다. "나도 다른 사람에게 가르쳐 줘야지"라는 말을 할 수 있도록 가르치고, 자신이 가르치는 자임을 자주 말해 주라고 가르쳐야 한다.

바울 사도는 골로새 교회가 이단의 유혹을 당할 때 이단에 넘어가지 않는 방법은 잘 가르치는 것이라고 했다. 동시에 가르치는 것보다 엄청나게 중요한 것이 바른 복음을 아는 것이라고 강조하고 있다. 바른 복음을 알게 되면 감격이 있게 되고 누리는 복음이 된다. 복음 때문에 행복하게 된 것을 말한다. 행복하다는 말은 하나님을 사랑하게 되면 행복해지고 하나님의 마음을 알고 지켜드리고 싶어지고 하나님의 마음인 율법을 지키게 된다.

율법은 하나님의 마음이다. 하나님의 마음은 사랑할 때만 알 수 있고 저절로 지키게 된다.

무엇을 가르쳐야 할까? 예수를 가르쳐야 한다. 다른 것을 가르치는 것은 저주받는다. "다른 복음은 없나니 다만 어떤 사람들이 너희를 교란하여 그리스도의 복음을 변하게 하려 함이라 그러나 우리나 혹은 하늘로부터 온 천사라도 우리가 너희에게 전한 복음 외에 다른 복음을 전하면 저주를 받을지어다(갈라디아서 1:7-8)." 교란하게 하여 그리스도의 복음을 변하게 하려는 다른 복음이 있다.

"내 형제들아 너희는 선생 된 우리가 더 큰 심판을 받을 줄 알고 선생이 많이 되지 말라(야고보서 3:1)"라고 말씀한다. 선생이 많이 되지 말라고 한 것은 실수하는 말 때문이다. "우리가 다 실수가 많으니 만일 말에 실수가 없는 자라면 곧 온전한 사람이라 능히 온몸도 굴레 씌우리라(야고보서 3:2)"라고 하면서 말의 실수가 없으면 온전한 사람이라고 한다.

"그러므로 하늘에 계신 너희 아버지의 온전하심과 같이 너희도 온전하라(마태복음 5:48)"라고 하셨다. 말의 실수를 하지 말고 온전한 말을 하라는 말씀이다. 야고보는 행함이 있는 믿음은 온전한 말에 있다고 했다.

어떤 말이 온전한 말인가? 온전한 말은 하나님의 말씀뿐이다. 하나님의 말씀은 예수 그리스도를 증언하고 있다. "너희가 성경에서 영생을 얻는 줄 생각하고 성경을 연구하거니와 이 성경이 곧 내게 대하여 증언하는 것이니라(요한복음 5:39)"라고 하셨다. 예수를 증언할 때 온전한 말을 하는 것이 되고 바른 복음을 전하는 것이 된다.

누가 잘 가르칠 수 있는가? 예수님 때문에 행복한 사람이 잘 가르칠 수 있다. 자주 다니던 길은 아무리 복잡한 길이라도 쉽게 안내할 수 있다. 복음을 이해하고 믿고 누리는 사람은 어떤 상황이나 일 속에서도 복음을 가르칠 수 있다. 바른 복음을 쉽게 가르치려면 복음 때문에 행복이 넘치면 된다.

"복음에는 하나님의 의가 나타나서 믿음으로 믿음에 이르게 하나니 기록된바 오직 의인은 믿음으로 말미암아 살리라 함과 같으니라(로마서 1:17)"라고 했다.

복음을 가르친 결과 '하나님의 의'가 나타나야 한다. '하나님의 의'가 어떻게 우리 것이 되었는지 로마서는 잘 설명하고 있다. 복음을 가르치는 자에게 로마서의 이해는 필수적인 요소라고 할 수 있다.

잘 가르치려면 '하나님의 의'에 깊이 빠져라. 임마누엘에 깊이 빠지라는 말이다. '하나님의 의'는 '임마누엘'을 위해 하나님께서 준비하셨다. '임마누엘'은 '하나님이 우리와 함께 계신다'라는 뜻의 히브리어다. 하나님은 우리와 영원히 함께하시고 싶으셔서 예수님을 이 땅에 보내셨다. 그리고 십자가에 돌아가시게 하셨다. 예수께서 십자가에서 돌아가심은 우리에게 '하나님의 의'를 주셔서 영원히 함께하실 처소를 만들기 위함이었다.

우리 안에 영원히 계시기 위해서는 우리에게 하나님과 똑같은 하나님의 의가 필요했다. 그래서 "하나님이 죄를 알지도 못하신 이를 우리를 대신하여 죄로 삼으신 것은 우리로 하여금 그 안에서 하나님의 의가 되게 하려 하(고린도후서 5:21)"셨다.

예수님은 당신이 '하나님의 의'가 되게 하여 '임마누엘' 하시려고 십자가를 지셨다. 십자가를 지신 것은 임마누엘을 위함이었다. '하나님의 의'는 임마누엘의 필수 요건이기 때문에 예수께서 죄가 되실 수밖에 없으셨다.

성경의 핵심은 '예수'이다. '예수'는 구원이라는 뜻이다. 구원이 무엇인가? 임마누엘이 구원이다. 나시기 전에 지어주신 이름이 '예수'와 '임마누엘'이다(마태복음 1:21, 23 참고).

나시기 전에 '예수'라고 이름을 주시면서 '예수'가 '임마누엘'임을 계시해 주셨다. 성경을 한마디로 요약한다면 '예수'라고 할 수 있다. '예수'가 '임마누엘'이니 성경 전체의 요약이 '임마누엘'이라고 할 수 있다.

사람을 창조하실 때 '임마누엘'을 위해 창조하셨다. 사탄의 유혹으로 임마누엘이 불가능하게 되자 여인의 후손인 예수 그리스도를 계획하시고 성취하셔서 임마누엘을 이루신 것이 복음이다.

　예수께서 임마누엘 하시기 위해 이 땅에 왔다 가셨다. 바른 복음을 알게 된 사람은 '하나님의 의'가 된 자신을 알게 되고 하나님께서 영원히 임마누엘에 감격한다. 오직 의인은 임마누엘의 믿음으로 살게 되는 것이다.

　잘 가르치려면 '예수', '임마누엘'에 푹 빠져야 한다. 성경 어디를 보아도 이 일을 위해 진행하시는 하나님의 섭리를 볼 수 있어야 한다. 임마누엘로 모든 성경이 풀린다는 것을 온전하게 이해하면 잘 가르칠 수 있다.

　복음을 온전히 알지 못하면 '말의 실수'를 하게 된다(야고보서 3:2 참고). 이런 사람은 "선생이 많이 되지 말라(야고보서 3:2하)"라고 하신다. 가르치는 선생은 온전한 말을 해야 한다고 한다. 온전한 말을 하려면 복음을 말하는 것밖에 없다. 복음을 말하는 것이 행함이 있는 믿음이다. 말이 온전한 자는 온전한 사람이다(야고보서 3:2 참고).

　복음만 말할 수 있어야 한다. 예수께서 하신 일을 말하는 것이 복음이다. 예수께서 하신 일은 십자가와 부활이 중심이다. 십자가와 부활은 임마누엘을 위해 하신 일이다.

　임마누엘은 모든 문제를 해결했다. 임마누엘은 능력의 사람이 되게 했다. 임마누엘을 알고 감격과 감사로 사는 자가 잘 가르칠 수 있는 자가 될 수 있다. 임마누엘은 귀신이 벌벌 떠는 이유가 된다.

하나님께서 하신다는 것을 가르쳐라

아래 성경 구절에서 우리는 기도가 무엇인지를 배울 수 있다. "내가"라는 말에 동그라미를 하며 잘 읽어 보라.

> **내가** 너희를 여러 나라 가운데에서 인도하여 내고 여러 민족 가운데에서 모아 데리고 고국 땅에 들어가서 맑은 물을 너희에게 뿌려서 너희로 정결하게 하되 곧 너희 모든 더러운 것에서와 모든 우상 숭배에서 너희를 정결하게 할 것이며 또 새 영을 너희 속에 두고 새 마음을 너희에게 주되 너희 육신에서 굳은 마음을 제거하고 부드러운 마음을 줄 것이며 또 내 영을 너희 속에 두어 너희로 내 율례를 행하게 하리니 너희가 내 규례를 지켜 행할지라 **내가** 너희 조상들에게 준 땅에서 너희가 거주하면서 내 백성이 되고 나는 너희 하나님이 되리라 **내가** 너희를 모든 더러운 데에서 구원하고 곡식이 풍성하게 하여 기근이 너희에게 닥치지 아니하게 할 것이며
>
> - 에스겔 36:24-29

하나님께서 하시겠다고 하신다. 우리의 힘으로 할 수 없기에 하나님께서 하신다고 하시는 것이다. 우리를 하나님의 뜻에 합당한 자로 하나님께서 만드시겠다는 말씀이다.

이 말씀은 예수 그리스도를 보내서서 십자가를 지시고, 부활 승천하심으로 다 이루시겠다는 말씀이다.

율례를 행하지 못해 포로로 잡혀간 자들에게 "내가 내 율례를 행하게 하겠다"라고 하신다. 포로로 잡혀가기 전에 그렇게 해 주셨으면 포로로 잡혀갈 이유가 없었을 텐데 왜 포로로 잡혀간 다음 이런 말씀을 하시는 것일까? 인간의 본래 상태를 알게 하시기 위함이다. 인간은 타락하여 하나님을 떠나 포로로 잡혀있고, 포로로 멸망한 인생임을 깨닫게 하시기 위한 일이다. 구세주가 아니면 도저히 구원받을 수 없으니 구원을 길을 열 테니 하나님께 손을 내밀라고 하신다.

이스라엘과 유다가 율례를 행하지 않아 하나님의 진노로 포로로 잡혀갔다고만 생각하면 하나님을 진노의 하나님, 무서운 하나님으로밖에 볼 수 없다.

생각해 보라. 유다와 이스라엘이 100% 순종할 수 있는 능력이 있는가? 순종할 수 있는 능력이 없는 자들에게 순종하지 않았다고 진노한다면 누가 잘못인가?

그러니 성경은 지금 불순종하여 하나님께서 진노하시는 것이 아니라 이미 완전한 죄인이 되어 하나님의 진노 아래 있어 스스로 하나님께 나올 수 없는 인간을 구원하시겠다는 설명을 하시고 계신다.

유다와 이스라엘이 완전한 타락으로 선지자를 보내도 하나님께 돌아올 능력이 없고, 기적이 일어나도 하나님께 돌아올 능력이 전혀 없는 인간에게 메시아를 보내 해결할 테니 믿기만 하라고 하신다.

믿음의 분위기

"아가씨, 코가 삐뚤어졌네요. 기도하면 간혹 기적이 있는데 기도해 주고 싶네요. 기도해 줄까요?" 했더니, "예, 목사님"이라고 했다. "권세 있는 예수님의 이름으로 코는 바로 고쳐져라"라고 선포하며 20초 정도 기도한 후 눈을 떴는데 코가 바로 된 것이 아닌가! 나는 흥분되기 시작했다. 혹시 실수라도 할까 봐 눈을 비벼가며 4번이나 다시 보았다. "아가씨, 내 눈에는 코가 바르게 된 것 같은데 여기 거울을 한번 보시죠."라는 말에 거울을 본 아가씨는 야단이었다. "어머, 어머, 튀어나왔던 뼈가 어디 갔어"라며 좋아서 어쩔 줄 몰라 했다. 그녀의 어머니가 옆에서 흥분된 말로 "목사님, 딸이 척추측만이 심합니다. 그래서 코가 저렇게 된 것 같습니다"라는 말에 나는 "하나님께서 코를 바르게 해주셨는데 척추측만도 치료해 주십니다"라고 말하며 등을 치면서 "권세 있는 예수님의 이름으로 척추는 바로 펴져라"라고 명했는데 그 자리에서 바르게 펴졌다.

기도해 주기 전에 기도 받으러 온 모녀를 앞에 앉혀 두고 한 시간 정도 임마누엘의 복음을 전했다. 복음을 들은 모녀는 "목사님, 요즘 믿음이 침체해 있었는데 감사합니다. 평생 이 말씀 붙잡고 살겠습니다. 치유기도 받고 싶어 왔는데 치유기도 보다 말씀의 확신이 생겨 너무 감사합니다"라며 기쁨을 감추지 않았다. 엄마가 불치병에 걸려 딸이 운전하여 나를 만나러 왔다가 딸이 치료되는 일이 일어났다. 그들과 함께 복음을 나누는 시간에 영적 분위기가 너무 좋았다. 영적 분위기가 형성되면 성령의 나타남은 자유로워진다. 영적 분위를 만드는 것은 중요한 일이다.

성령님은 분위기를 잘 타신다. 예수께서 고향에 가셨을 때 믿음의 분위기가 되지 않았기 때문에 "거기서는 아무 권능도 행하실 수 없어 다만 소수의 병자에게 안수하여 고치실 뿐이었고(마가복음 6:5)"라고 기록한다.

임마누엘의 믿음의 분위기를 만드는 것은 중요하다. 성령님은 믿음의 분위기 속에 역사하신다. 교회마다 이런 믿음의 분위기가 자유로워졌으면 좋겠다. 마음대로 기도해 줄 수 있고, 마음대로 선포해도 부담이 없는 사모함이 있는 믿음의 분위기가 온 교회를 덮어 버렸으면 좋겠다. 임마누엘의 능력을 선포할 수 있는 자유로운 분위기가 중요하다.

내 마음부터 믿음의 분위기를 만들어야 한다. 내 마음에 믿음의 분위기가 만들어지지 않으면 다른 사람을 잘 가르칠 수 없고 그 사람에게 믿음의 분위기를 전달할 수 없다.

사탄은 적극적으로 방해하겠지만 사탄에게 동조할 필요가 없다. 사탄은 우리의 생각을 도적질해 간다. 사탄은 도적질하고 죽이고 멸망시킨다(요한복음 10:10 참고). 사탄은 임마누엘의 생각을 도적질해 가고 임마누엘의 생각을 당신의 마음에서 죽어 버린다. 당신의 생각을 임마누엘로 충만하게 만들어야 한다. 영적 분위를 만들기 위해 영적 분위기를 적극적으로 방해하는 사탄을 내쫓아야 한다.

영적 분위기를 만들기 위해 부부는 참으로 중요하다. 부부 사이에 영적 분위기만 무너뜨리면 성령의 역사가 잠재워지기 때문에 사탄은 수단과 방법을 가리지 않고 부부 사이를 갈라놓으려고 달려온다. 사탄이 가정 분위기를 인본주의적인 분위기로 만든다. 속지 마라.

사탄은 교회 안에도 임마누엘로 기뻐하지 못하게 만든다. 목사와 성도들의 생각을 도적질한다. 교회는 항상 더러운 귀신을 쫓아내고 성령으로 충만해야만 한다. 성령으로 충만한 길은 온 교회가 임마누엘의 생각으로 충만해져 그 속에 잠기도록 하면 된다. 임마누엘에 푹 잠긴 교회가 되면 성령의 만지심이 예배 속에 일어난다. 찬양할 때, 기도할 때, 말씀을 전할 때 회개와 치유의 역사가 있을 것이다.

당신 안에 영적 분위기가 충분하게 되면 당신에게 넘쳐나는 영적 분위기가 다른 사람에게로 흘러가게 된다. 당신 안에 임마누엘로 충만하게 만들어라.

당신은 영의 세계를 보는 자다

안 보이는 영의 세계를 보는 방법이 있단 말인가?

하나님은 당신이 영의 세계를 볼 수 있게 만들어 놓았다. 영의 세계는 보기 어려운 세계가 아니다. 성경에 있는 대로 그림을 그리기만 하면 쉽게 보인다.

성경에 있는 대로 그림을 그려보라. 영의 세계 안에 있는 당신을 그려보라. 영의 세계를 볼 수 있게 되면 보이지 않는 세계를 보이는 세계로 끌고 나오고 싶은 영적 갈망이 생길 것이다.

당신이 영의 세계를 보고 나면 보이지 않는 영의 세계를 보이는 세계로 아주 적극적으로 끌고 나오고 싶어 할 것이고 결국 끌고 나오게 될 것이다.

영의 세계

영의 세계를 보는 감각을 영감이라고 하는데 신앙생활을 활성화하려면 영의 세계를 볼 수 있어야 한다. 영의 세계를 볼 수 없다면 신앙생활은 약해질 수밖에 없다. 영감을 활용하고 사용해 보라.

동감과 영감은 다르다. 많은 사람이 동감으로 은혜를 받으려 한다. 동감으로 예수도 이해하려 한다. 동감으로는 영적인 일을 할 수 없다. 동감은 은혜받은 것 같이 속일 뿐이다. 동감 되는 설교나 동감 되는 말에 눈물을 흘리고 감동하더라도 영감과는 거리가 멀 수 있다. 영감은 성령의 도우심으로 말씀을 말씀 그대로 받아들이고 믿는 것에서 시작된다. 영감이 살아나야 진짜 은혜에 들어갈 수 있다.

"예수는 우리가 범죄한 것 때문에 내줌이 되고 또한 우리를 의롭다 하시기 위하여 살아나셨느니라(로마서 4:25)"

예수께서 우리의 죄 문제를 해결하시려고 돌아가셨고 우리를 의롭게 하려고 살아나셨다. 우리를 의롭게 하려고 살아나셨다는 말은 의롭게 된 우리 몸을 성전 삼고 영원히 함께하시기 위해 살아나셨다는 말이다. 임마누엘 하시기 위해 돌아가시고 살아나셨다는 말이다.

당신의 영감을 임마누엘의 영감으로 점점 키워가야 한다. 예수께서 하신 일에 생각의 초점을 맞춰 이미 이루신 일을 상상하며, 그림으로 그리고, 실제로 받아들이면 영감이 살아날 것이다.

우리 몸을 성전 삼고 좌정하신 하나님을 생각해 보라. 창조주 하나님께서 당신과 함께 있음을 실재적으로 안다면 어떻게 될까? 천군 천사들이 기도할 때 즉시 달려온다는 것을 본다면 어떤 반응을 보이겠는가? 이성으로 표현할 수 없는 영의 세계 안에 당신은 들어가 있다. 당신은 항상 영의 세계 속에 살고 있다. 육신의 눈에 보이지 않지만 사실이다.

당신 몸 안에 보좌가 있고, 보좌 주변에 천국 천사들의 찬양과 영광 돌림과 기쁨이 항상 넘치고 있다. 당신의 육의 상태와 전혀 상관없이 당신 몸 안에서 일어나는 세계는 놀랍다. 주님은 당신을 절대 버리지 않으시고, 떠나지 않으신다고 말씀하셨다.

당신 몸 안에 있는 보좌 앞으로 잠겨 들어가는 영감을 키워보자. 당신에게 행복과 기쁨이 넘치는 이유가 여기에 있다. 임마누엘의 영광을 그림으로 그려 영감을 키워보라. 영의 세계를 믿음으로 보며 임마누엘의 어마어마한 세계를 그림으로 그려보라. 성경에 기록된 대로 영의 세계를 상상하고, 임마누엘의 기쁨을 만끽하며 복음으로 당신 안에 잠재운 성령의 능력을 깨워라.

오른쪽 두뇌를 사용하여 그림을 그려라. 요한계시록에 기록한 바다는 사탄이 올라오고 풍랑 이는 바다였다. 보좌 앞의 바다는 유리 바다다. 파도가 다시는 없고, 마귀가 요동치지 않는 바다를 만드신 것이다. 유리 바다는 세상의 유리도 아니고 세상의 바다도 아니다. 위에서 다 내려 볼 수 있고 언제나 우리가 요청할 때 천사들이 보혈의 능력으로 달려 내려올 수 있는 유리 바다다. 유리 바다 위에서는 하나님을 찬양하는 일과 하나님의 기뻐하시는 일을 하기 위해 천사들이 출동을 준비하고 있다. 영의 기도를 할 때 천사들은 바빠진다. 보좌에 앉으신 분은 너무나도 아름다우시다.

요한계시록 4장을 찬찬히 읽으며 우리 앞에 펼쳐진 실재를 살펴 보라. 육의 눈으로 볼 수 없지만, 영의 세계는 휘황찬란하다. 그곳은 아픔이 없다. 그곳은 슬픔이 없다. 그곳은 부족함이 없다. 그곳은 평안하다. 그곳은 행복하다. 그곳은 찬양이 넘친다. 말로 다 표현할 수 없는 놀라운 곳이다. 그곳이 바로 우리 몸을 성전 삼고 좌정하신 우리 몸의 모습이다. 예수께서 우리를 그렇게 만들어 놓으셨다.

보이는 세계와 보이지 않는 세계는 같은 공간에 공존한다. 엘리사의 시종의 눈이 열리자 천군 천사를 보았다. 눈을 뜨기 전에도 천군 천사는 그곳에 있었지만 볼 수 없었던 시종은 불안에 떨며 어떻게 해야 할 줄 몰랐다.

눈에 보이지 않아도 영의 세계는 공존한다. 보이는 세계와 보이지 않는 세계는 하나의 세계다. 육의 세계와 영의 세계는 설명하기 위해 분리하는 것뿐이다. 당신은 영의 세계에 있다. 당신이 말씀에 있는 대로 그림을 그리고 눈만 뜬다면 당신이 보는 영의 세계는 엄청날 것이다. 아람 군대가 구름과 같이 많은 군으로 쳐들어온다 해도 영의 세계의 눈이 열린 사람은 평화가 있었다.

영의 세계를 보는 것은 어렵지 않다. 성경에 다 기록되어 있기 때문이다. 성경은 살아 있고 활동력이 있는 말씀이다. 말씀 그대로 믿기로 결단하면 된다. 말씀에 기록된 대로 발견하면 된다. 육의 눈으로 보는 대로 믿지 않고, 말씀이 말씀하는 그대로 보면 영의 세계를 쉽게 볼 수 있다.

말씀과 기도를 통해 하나님의 일을 알게 되고, 말씀을 통해 그림을 그려보고, 당신이 볼 수 있는 것을 주장하며 말씀과 기도로 영감을 불러일으켜라. 하나님과 하나가 된 자신을 보는 영감을 가져라.

"그날에는 내가 아버지 안에, 너희가 내 안에, 내가 너희 안에 있는 것을 너희가 알리라(요한복음 14:20)."

하나님께서 함께하는 당신을 발견하길 바란다. 하나님께서 함께 하시는 놀라운 실제 상황을 본다면 함성을 지르고 싶어질 것이다. 분명한 것은 행복의 문이 반드시 열렸음을 알게 될 것이다. 하나님께서 함께하시는 당신을 알고 기도만 한다면 놀라운 일이 있을 것이다.

"그러므로 내가 너희에게 말하노니 무엇이든지 기도하고 구하는 것은 받은 줄로 믿으라 그리하면 너희에게 그대로 되리라(마가복음 11:24)"라고 하신 영의 세계를 말씀으로 볼 수 있는 당신은 복된 당신이다.

임마누엘 복음을 아는 것이 영감(靈感)이다

복음을 아는 것이 영감이다. 가장 크고 정확한 영감은 하나님이 당신과 함께하신다는 복음에 대한 영적 감각이다. 예수께서 이 땅에 왔다 가신 이유가 우리와 영원토록 함께 하시기 위함이었다. 그래서 임마누엘을 알라고 강조하는 것은 지나친 말이 아니다.

하나님께서 함께하신다는 영감이 풍성해지면 영의 세계가 열린다. 하나님께서 함께하신다는 생각인 영감을 키우려면 복음을 깨달으면 된다. 예수만 믿었는데 모든 문제가 풀리고, 모든 것을 주셨음을 알게 될 것이다. 권세 있는 예수의 이름을 사용한다는 것이 얼마나 놀라운 일인지 알게 될 것이다.

당신이 죄짓지 않고 살려고 애쓰기보다 임마누엘을 마음에 가득 채우는 것이 믿음이다. 임마누엘의 영적 감각을 키우는 것이 신앙생활이고 신앙 성장이다.

아담 때문에 죄가 왕 노릇 하게 되었지만, 예수님 때문에 의가 왕 노릇 하게 되었다는 것을 믿고 마음속에 아담을 키우지 않고, 예수로 가득 채우는 것이 믿음이다. 예수로 가득 채운다는 말은 임마누엘의 생각으로 가득 채워 감격하라는 말이다.

죄의 법은 매일 우리에게 죄인임을 증명하려고, 우리를 사로잡아 올 것이다. 죄의 법이 사로잡아오는 것은 정상적인 일인 줄 알아야 한다. 정상인 줄 모르면 죄의 법이 사로잡아 올 때마다 시달리게 되고 평생 능력의 삶을 살 수 없게 된다. 예수께서 십자가를 왜 지셨는지, 정확히 아는 것은 중요하다. 다시 말해 복음을 아는 것이 얼마나 중요한지 모른다. 바른 영감만이 행복의 삶을 살게 한다.

"내 지체 속에서 한 다른 법이 내 마음의 법과 싸워 내 지체 속에 있는 죄의 법으로 나를 사로잡는 것을 보는도다(로마서 7:23)"라고 하신 것처럼 율법을 지키려고 할수록 죄가 우리를 사로잡아 올 것이다.

죄의 법이 사로잡아 올 때 우리는 어떻게 해야 하는가? 바울은 영의 생각을 하라고 호소한다. 육의 생각은 사망이고, 하나님과 원수가 된다고 로마서 8장에서 말한다. 영의 생각을 하는 훈련을 하라. 죄의 법에서 완전히 해방되라. 주님이 해방되게 하셨다. 예수를 믿는 것은 죄를 없애려는 것이 아니라, 예수님께서 이미 이루어 놓으신 것을 받아들이는 것이다. 이것이 복음이다. 복음이 깨달아져야 바른 영감이 오고, 당신 안에 잠재운 성령의 능력을 복음으로 깨울 수 있다.

죄의 법이 주는 고통이 아닌 영의 생각으로 풍성해야 한다. 주님이 이루어 놓으신 것을 많이 생각할수록 주님은 기뻐하신다. 주님의 십자가는 주님이 나를 얼마나 신뢰하는지를 보여 주고 있다. 임마누엘의 영감은 모든 문제를 해결해 준다. 주님이 주신 온전한 복음의 결론인 임마누엘의 믿음으로 충만하게 만들어야 한다.

임마누엘을 안다는 것은 모든 것을 가진 것을 아는 것이다. 임마누엘 안에 완전한 인도가 있다. 임마누엘의 복음의 영감을 받자. 복음이 이 땅에서 능력으로 살게 하는 영감을 준다. 당신은 영감으로 영의 세계를 보는 자이다.

5장

당신의 말을 깨워라

당신에게 완벽한 임마누엘의 능력이 임했다. 당신에게 임한 임마누엘을 인정하고, 믿기만 하면 된다.

당신은 능력의 사람이다. 이제 당신은 능력의 사람으로 살게 될 것이다. 당신 안에 잠자고 있는 성령의 능력을 복음으로 깨우기만 하면 된다.

당신은 이제 항상 깨어 있을 수 있기에 능력으로 살 수 있다. 능력은 더 받는 것이 아니다. 당신 안에 있는 것을 말하기만 하면 된다. 말을 함으로 당신 안에 있는 임마누엘의 능력을 깨우기만 하면 된다.

권세 있는 말을 능력의 말로 바꿔라

"너희 말이 내 귀에 들린 대로 내가 너희에게 행하리니(민수기 14:28 하)"라고 했다. 당신의 말을 하나님의 귀에 들리도록 해야 한다. 하나님의 형상으로 지음을 받은 사람의 말은 권세가 있다. 말에 권세가 있는 줄 아는 사람은 어려움이 와도 떨지 않는다. 말에는 권세가 있기 때문이다.

과학이 발달하면서 물질의 근원이 음파라는 주장을 하는 학자도 있다. 하나님께서 천지 창조를 말씀으로 했다는 것을 볼 때 음파가 물질의 근원이라는 것은 일리가 있는 말이다. 사람에게 말의 권세를 주셔서 하나님의 귀에 들린 대로 행하시겠다고 하셨다.

MBC TV 실험 다큐멘터리 '말의 힘'에서 밥 실험을 했다. 쌀밥을 병에 담아 한쪽 병에는 "고맙습니다", "사랑합니다" "예쁘다" 등 좋은 말을 하고, 다른 병에 든 쌀밥에는 "짜증 나", "싫어" 등 듣기 싫은 말을 해 주는 실험이다. 녹음해서 헤드폰으로 들려주는 등 다섯 군데에서 4주 동안 들려준 후의 결과는 두 눈으로 믿기 어려운 일이 일어났다.

"고맙습니다"라며 좋은 말을 들려주었던 쌀밥은 하얗고 뽀얀 곰팡이가 생겼고 구수한 누룩 냄새가 났지만, 나쁜 말을 한 쌀밥은 검은 곰팡이가 생겼고 썩어버렸다.

실험 결과 말 한마디로 엄청난 차이가 났다. 귀가 달린 것도 아닌데 3~4일째부터 각각 다른 변화가 생겼다는 것이다.

'속상한 일이 있어도 좋은 말을 한다면 이렇게 변화되겠구나'하는 생각을 하게 만든 실험이었다. 단지 한 달간 좋은 말과 나쁜 말을 들려줬을 뿐인데 밥 실험에서 엄청난 차이가 나타났다. 밥이 아니라 나 자신이나 가족이나 동료였다면 어땠을까? 말에는 힘이 있다는 단적인 실험이라고 할 수 있다.

'행동을 바꾸는 말 한마디'라는 실험을 한 영상도 있다. 길거리에 앉아 "나는 시각장애인입니다"라는 글을 적어 두고 구걸하는데 사람들은 거의 그냥 지나친다. 한 여인이 지나가다 멈추어 적힌 글을 수정했다. 글을 수정한 후 지나가는 사람들은 한 사람도 빠지지 않고 동전을 놓고 간다. 글을 수정했던 여인이 다시 돌아오자 서로 묻고 대답한다. "내 종이판에 뭐라고 썼나요?" "뜻은 같지만 다른 말을 썼어요." 그녀가 종이에 쓴 글은 "아름다운 날입니다. 그리고 난 그걸 볼 수 없네요."라는 글이었다(출처: www.purplefeather.co.uk).

말에는 힘이 있다. 예수께서 예루살렘 성을 들어가실 때 무화과 나무의 열매를 찾으시다가 열매가 없는 것을 보시고 이제부터 영원토록 사람이 네게서 열매를 따 먹지 못하리라 하시니 무화과나무가 말라 죽었다. 제자들은 이 말씀을 들었고 무화과 때가 아닌데도 예수님은 그렇게 말씀하셨다. 이것은 제자들에게 말의 힘을 가르치시기 위함이었다. "내가 진실로 너희에게 이르노니 누구든지 이 산더러 들리어 바다에 던져지라 하며 그 말하는 것이 이루어질 줄 믿고 마음에 의심하지 아니하면 그대로 되리라 그러므로 내가 너희에게 말하노니 무엇이든지 기도하고 구하는 것은 받은 줄로 믿으라 그리하면 너희에게 그대로 되리라(마가복음 11:23-24)"라고 하셨다.

우리가 하는 모든 말은 하나님께서 들으시기 때문에 하나님께 드리는 기도다. 사실 사단도 말을 듣는다. 사단은 우리의 마음을 알 수 없지만, 우리가 하는 말을 듣거나 행동을 보고 믿음의 사람인지 아닌지 알고 공격한다. 말에는 권세가 있다. "누구든지 이 산더러 들리어 바다에 던져지라 하며"라는 말씀에 보면 "누구든지"라고 했는데 우리도 산더러 말하면 들리어 바다에 던져진다는 말이다.

말의 권세와 말의 능력은 차이가 난다. 권세가 있다고 해서 능력이 나타나는 것이 아니다. 운전면허증이 있는 것과 운전을 잘 할 수 있는 것은 차이가 난다. 면허증이 있으면 법적으로는 똑같다. 많이 운전한 사람만 운전을 잘 할 수 있다. 욕쟁이는 왜 욕쟁이가 될까? 욕 잘하는 사람은 평소에 욕을 많이 해서 욕을 잘한다. 욕을 안 하던 사람은 욕이 잘 안 나온다. 평소에 무슨 말을 하느냐 따라 그 사람이 말하는 성향이 달라진다. 긍정적인 사람과 부정적인 사람을 어떻게 알 수 있는가? 말하는 것을 보면 안다.

임마누엘을 시인하는 말을 하라

하나님이 나와 함께한다는 시인하는 말을 해야 한다. 임마누엘을 인정하는 말을 모든 분야에서 해야 한다. "살아계신 주, 나의 참된 소망, 걱정 근심 전혀 없네, 사랑의 주 내 갈 길 인도하니, 내 모든 삶의 기쁨 늘 충만하네"라는 찬양처럼 시인하는 말을 해야 한다. 시인하는 말을 할 때 기적이 일어난다.

모르드개는 하만이 장대를 세워놓고 자기를 죽이려고 하는 데도 하나님을 시인하는 말을 했다. 믿음의 말을 했던 요셉은 애굽의 국무총리가 되었고, 모르드개는 파사 제국이 국무총리가 되었다. 모르드개는 삼촌의 딸, 에스더를 자기 딸처럼 키웠는데 아하수에로의 왕비가 되었다. 하만의 모략으로 유대인이 다 죽게 되었을 때 모르드개는 에스더에게 인간적인 부탁을 하지 않고 하나님을 시인하는 믿음의 말을 하는 것을 본다. "이때에 네가 만일 잠잠하여 말이 없으면 유다인은 다른 데로 말미암아 놓임과 구원을 얻으려니와 너와 네 아버지 집은 멸망하리라 네가 왕후의 자리를 얻은 것이 이때를 위함이 아닌지 누가 알겠느냐(에스더 4:14)"라고 한다.

"에스더야, 네가 힘을 써야 한다. 너 아니면 막을 사람이 없어"라는 식의 말을 하지 않았다. 오히려 그는 "네가 만일 잠잠하여 말이 없으면 유대인은 다른 데로 말미암아 놓임과 구원을 얻으려니와"

라고 하나님의 인도하심이 틀림없이 있다는 것을 선포했다. 모르드개는 임마누엘을 시인했다.

요셉도 임마누엘을 시인하는 말을 하는 사람이었다. 아무도 보지 않고 종의 신세에서 출세할 수 있는 보디발의 아내의 유혹 앞에서 "이 집에는 나보다 큰 이가 없으며 주인이 아무것도 내게 금하지 아니하였어도 금한 것은 당신뿐이니 당신은 그의 아내임이라 그런즉 내가 어찌 이 큰 악을 행하여 하나님께 죄를 지으리이까(창세기 39:9)"라고 그는 임마누엘을 시인하는 말을 했다.

성경 속의 믿음의 사람은 모두 임마누엘을 시인하는 말을 했다. 임마누엘을 시인하는 말은 갑자기 나올 수 있는 말이 아니라 평소에 사용해야 급할 때 나올 수 있는 말이다.

평소에 어떻게 많이 말할 수 있는가? 기도로 말할 수 있다. 쉬지 말고 임마누엘을 시인하는 기도를 해 보라. 거짓말하지 않으시는 하나님께서 "내가 결코 너희를 버리지 아니하고 너희를 떠나지 아니하리라(히브리서 13:5하)"라고 말씀하셨다.

하나님이 당신과 함께하시지만, 당신이 평소에 임마누엘을 인정하지 않는다면 필요할 때 임마누엘의 능력을 맛볼 수 없을 것이다. 그러니 임마누엘을 시인하는 연습을 평소에 많이 해야 한다. 평소에 자주 사용하던 말이 급할 때도 나오기 때문이다.

임마누엘을 말함으로 당신 안에 있는 잠자는 성령의 능력을 깨워야 한다. 당신이 성령 충만한 사람이라고 말하라. 당신 몸은 성령의 전이라고 말하라. 당신 안에 생수의 강이 흘러넘치고 있다고 말하라. 성령을 체험하도록 사모하며 성령께서 내 몸을 성전 삼으시고 함께 하신다는 사실을 시인하고 말하라. 가만히 있는데도 하나님의 영광이 당신 머리 위에 항상 있음을 시인하고 말하라. 당신 앞에, 뒤에, 옆에, 위에, 아래에, 안에 성령님이 계심을 시인하고 말하라. 당신이 호흡할 때마다 성령의 역사가 있음을 시인하고 말하라.

성령 충만하다는 말은 교만한 말이 아니다. 당신에게 임해 계시는 성령의 기름부음을 인정하는 것은 겸손한 자세다.

하나님은 당신을 성령의 사람으로 만들어 주셨다. 예수 그리스도를 통해 이루어 놓으신 임마누엘을 인정하지 않으면, 성령 충만한 삶을 살기 힘들다. 십자가에서 완성하신 것을 받아들이고 말하는 믿음이 없다면 평생 성령 충만만 간절히 구하다 일생을 마칠 것이다.

6장

거듭남을 돕는 사역자가 돼라

가장 시급하고 큰일은 예수를 믿고 거듭나는 일이다. 당신은 사람이 거듭나게 되는 일을 돕기 위해 이 땅을 살고 있다.

아기가 태어나면 축하하며, 기뻐한다. 진지하게 한번 생각해 보라. 한 생명이 이 땅에 태어난 자체를 정말 기뻐만 할 수 있는 일일까?

거듭나지 못했다면 큰일이다. 거듭나지 못하면 하나님 나라에 들어갈 수 없고 영원한 지옥에 들어가게 된다.

가장 먼저 할 일이 거듭나야만 하는 일이다. 눈을 뽑아서라도 거듭날 수만 있다면 그렇게 해야 한다. 손이나 다리를 끊어서라도 거듭날 수만 있다면 그렇게 해야만 한다(마가복음 9:43 참고).

최고 시급한 일

어릴 때의 일이다. 냇가에 검은 머리가 떠내려가고 있었다. 5살 아래의 여동생이었다. 가슴까지 오는 물이었지만, 동생에겐 깊었다. 내가 8살 때 있었던 일이다. 급히 뛰어들어 동생을 끌어안고 힘껏 들어 올렸다. 물속이라 가벼워 들기가 쉬웠던가 보다. 50여 년이 지난 지금도 생생하게 생각난다. 그때 떠내려가는 동생을 보지 못했더라면 어떻게 되었을까? 생각만 해도 끔찍하다. 바로 앞이 폭포였다. 사랑하는 여동생을 영원히 이 땅에서 보지 못했을 뻔했다는 생각에 아찔하다. 생명을 살리는 일만큼 시급한 일은 없다.

예수를 믿지 않으면 큰일 난다. 마귀에게 속아 살다가 영원한 지옥에 떨어지기 때문이다. 일생에 가장 시급한 일이 있다. 구원받는 일이다. 사람들이 구원받지 못하는 이유는 무관심 때문이다. 첫째, 구원받지 못한 사람에게 무관심하면 그 사람은 구원받지 못한다. 둘째, 본인이 복음에 무관심하면 구원을 받을 수 없다. 복음을 듣는 본인이 무관심한 것은 우리가 어쩔 수 없다 할지라도, 우리가 무관심해서 그들이 영원한 지옥에 가게 된다면, 그 책임을 누가 져야 할까?

당신은 시급한 일을 위해 부름을 받은 자다. 전도자인 당신은 시급한 일에 부름을 받은 구조대원이다.

예수를 믿는 것은 예수께서 하신 일을 믿는 것이다. 그분이 우리에게 하신 일을 높여 드리고, 인정해 드리고, 받아들이는 것이 믿음이다. 죄 없는 분이 죄가 되심은 우리에게 '하나님의 의'가 되게 하려고 십자가 지시고 돌아가셨다(고린도후서 5:21 참고). 예수께서 하신 일을 인정하고 마음에 모셔드리면 구원을 받는다.

사탄은 예수님께서 이 땅에 못 오시도록 온갖 술수를 벌였지만, 하나님께서 매사건 마다 오히려 합력하여 선을 이루시며 지켜 내셨다. 사탄은 지금도 유일한 이 길을 발견하지 못하도록 방해하고 있다. 사탄의 어떤 방해가 있어도 우리는 예수만 믿고 예수만 믿게 해야 한다. 우리에게 주어진 시급한 일이다.

우리 안에 잠재운 성령의 능력을 복음으로 깨우려는 이유가 무엇인가? 무엇 때문에 당신은 성령의 능력을 받길 원하는가? 귀신을 내쫓고, 새 방언을 말하며, 뱀을 집으며, 무슨 독을 마셔도 해를 받지 않으며, 병든 자에게 손을 얹으면 낫는 능력을 받으려고 하는 이유가 무엇인지 생각해 보라. 그 이유는 우리가 복음 증거를 위해 필요하기에 반드시 우리 안에 잠재운 성령의 능력을 복음으로 깨워야만 한다.

영원한 불 못에서 저들을 건져낼 유일한 방법이 성령님의 도우심으로 되기 때문에 우리 안에 잠재운 성령의 능력을 복음으로 깨워야만 하는 것이다.

구원받도록 돕자

바른 믿음을 갖지 못하면 종교 생활을 하게 된다. 믿음이 잘못되면 구원을 받지 못하고도 구원받았다고 착각하며 살다가 지옥 갈 수 있는 무서운 일이 벌어진다.

구원받는 일이 너무 쉬운 일이지만 다른 복음에 속아 지옥 가면서도 구원받은 줄 안다면 큰일이다. 그래서 바울은 다른 복음을 전하면 저주를 받을 것이라고 하셨다.

교회 밖도 문제지만 교회 안에서 종교 생활을 하는 사람들을 적극적으로 구원받게 도와주어야 한다. 빨리 인격적인 하나님을 만나도록 도와야 한다.

교회 안에 아직 구원받지 못한 사람들이 많다. 겉으로 쉽게 판단할 수 없지만, 종교 생활하는 사람을 찾아보라. 그들에게 당신은 빨리 알려 줘야 한다. 그들이 바른 복음을 믿도록 도와야 한다. 교회 생활을 하다가 지옥 가도록 당신은 그들에게 무관심해선 안 된다.

교회 밖은 말할 것도 없다. 예수를 비난하고 예수 믿는 사람을 무시하는 저들에게 어떻게 복음으로 다가가야 할지 성령의 도우심이 절실하다. 당신 안에 잠재운 성령의 능력을 복음으로 깨워야 하는 이유가 여기에 있다.

예수님처럼 삼대 사역을 하며 복음을 전해야 한다. 가르치고, 전도하고, 귀신을 쫓아내고 병을 고쳐라. 담대하게 축사하고 병을 치료하며 기도해 줘라.

당신 안에 잠재운 성령의 능력을 복음으로 깨워 복음을 전할 기회를 엿보고 있으면 기회가 반드시 올 것이다. 믿는 자들에게 주신 권세를 사용하기만 한다면 하나님의 자녀로 돌아오는 사람이 많아질 것이다. 권세 있는 예수님의 이름이 당신에게 있다. 당신 생각에 가득 채운 임마누엘을 쏟아 내도록 준비해야 한다. "제자들이 나가 두루 전파할새 주께서 함께 역사하사 그 따르는 표적으로 말씀을 확실히 증언하시니라(마가복음 16:20)"라고 하셨다.

내가 "머리부터 발끝까지 예수님의 이름으로 명하는데 건강해져라"라는 기도를 하는데 황OO 자매에게 스쳐 지나가는 생각이 있었다. "발끝? 내 발끝에 무좀이 심한데"라는 생각을 했다. 그 순간 발가락 사이에서 진물이 나며 오래 낫지 않던 무좀이 깨끗하게 치유되어 버렸다.

시청에 점심시간을 이용해 일주에 한 번 전도하는 시간에 있었던 일이다. 온 가족이 그 일로 예수를 믿게 되었다.

전도 현장에서 여러 유형으로 역사하시는 성령님의 도우심을 경험하는 기회였다. 예수의 이름으로 기도해 줄 때 성령님께서는 필요한 대로 역사하심을 볼 수 있었다. 당신도 사람을 구원받게 하려고 성령님을 의지하고 간절한 마음으로 그들을 도와줘 보라. 주께서 함께 역사하사 그 따르는 표적으로 말씀을 확실히 증언하실 것이다.

종교인의 특징 중 하나는 확신이 없다. 종교인에게는 구원의 감격이 없다. 종교인은 교회 생활에만 몰두한다. 종교 생활을 하는 사람은 예수를 지식으로 알 수도 있지만, 믿음의 확신이 없고 임마누엘의 기쁨과 임마누엘의 흥분이 없다. 그렇게 진단된다면 가만히 두지 말아야 한다. 옆 사람이 그런 사람이라면 무관심해선 안 된다. 그들을 구원받도록 당신은 도와줘야 한다. 문을 두드리며 기도하면 반드시 성령께도 도와주실 것이다. 당신이 수고한 것 이상으로 엄청난 일을 경험하고 보람된 일이 일어날 것이다.

종교 생활하는 것을 버려두지 말고 도와주라. 예수를 잘 믿는 사람은 사람들을 대할 때 부모의 마음으로 사람을 품고 돌아보는 일을 하게 된다. 양을 찾아 먹이고 양을 치는 일을 하게 된다. 예수 믿는 당신은 엄청난 능력의 사람이다. 성경에서 말하고 있는 당신은 대단한 사람이다. 당신이 대단한 사람임을 발견하는 것은 어렵지 않다. 십자가에서 이루어 놓으신 당신을 발견하고, 받아들이면 당신이 얼마나 대단한 사람이 되었는지 알 수 있는 일이다. 당신에게 성령의 생수의 강이 터졌음을 보게 될 것이다.

당신은 본래 빛이 아니었지만, 예수께서 십자가에 돌아가심으로 빛이 당신에게 이르렀다(이사야 60:1 참고). 하나님의 영광이 당신의 머리 위에 항상 머물러 절대 떠나지 않으신다(이사야 60:1 참고).

예수를 믿는 순간 그렇게 된 것을 인정하고, 다른 사람에게도 알려 줘야만 한다. 당신이 가만히 있는데도 하나님의 영광이 당신 머리 위를 함께 하신다. 다른 사람에게도 이 사실을 빨리 알려줘야 한다. 당신은 이제 임마누엘을 인정하고 성경대로 믿도록 도와주는 일을 해야 한다. 다른 사람에게도 하나님께서 항상 함께하심을 알려 줘야 한다.

귀신에게 명하면 귀신이 떠나감을 말해 주고 보여줘라. 믿는 자의 몸이 성전이 되었고, 주님이 앉으신 보좌와 천군 천사가 함께함을 알려줘야 한다. 이제 당신은 계속 생각하고 말하도록 도와줘야 한다. 본서에 기록된 로마서를 함께 공부할 수 있도록 시간을 내어 설명해 줄 수 있길 바란다. 이 책을 읽게 도와줘도 좋은 일이라 생각한다. 유튜브 〈오복음 TV〉를 듣도록 도와주는 일도 구원받도록 도와주는 일이 될 수 있다.

임마누엘의 확신은 성령 충만의 감격을 가져올 것이다.

바로 당신이다

복음의 조명을 받은 당신이여, 당신 안에 있는 성령의 능력을 복음으로 깨워 복음을 말하고 다른 사람을 돕고 성령의 사람으로 세워서 또 파송하는 일을 할 사람은 바로 당신이다.

가르치고, 선포하고, 치유를 배우고 치유하게 할 사람은 바로 당신이다.

귀신을 쫓고, 병을 고치고, 복음을 선포하고, 사람들을 능력으로 살게 할 사람은 바로 당신이다.

하나님을 대충 믿는 분들을 보면 바로 세워주는 일을 할 사람은 바로 당신이다.

아직 당신 주변의 많은 분이 구원받지 못한 분일 수 있다. 이 일에 눈을 뜨면 급해질 것이다. 당신이 목양하던 성도가 지옥 간다면, 어떻게 하겠는가? "아, 아!" 생각만 해도 끔찍한 일이다. 절대 그런 일이 있어선 안 된다.

예수에 대해 듣고, 매주 설교를 들어도 구원을 받지 못한다면 교회 다니는 것이 무슨 소용이 있겠는가? 지옥 갈 사람이 헌금을 많이 드리고 봉사를 한들 무슨 소용이 있는가? 그들을 알고도 지옥 가는 불쌍한 사람으로 버려두어선 안 된다. 그들을 도와줄 수 있는 사람이 바로 당신이다.

교회 안에도 구원받지 못할 사람이 많기에 가슴이 저린다. 구원의 감격과 확신 없이 종교 생활을 하는 분들을 보니, 팔다리에 힘이 다 풀린다. 종교 생활을 하다가 지옥 갈 사람이라 생각하니 온몸에 맥이 풀린다. 예수의 이름을 듣고도 임마누엘을 하지 못하는 사람을 생각하니 눈물이 난다. 교회 밖도 문제지만, 교회 안의 모든 성도가 예수를 만나면 좋겠다. 꼭 그래야 한다. 그 일을 할 수 있는 사람이 바로 당신이다.

그래서 복음만 말해야 한다. 예수를 영접하라고 외쳐야 한다. 같은 말을 반복한다고 불편해할지 모르지만 반복하는 것을 두려워하지 말고 복음을 말해야만 한다. 얼마나 구원이 절박한 일인지 알아야 한다.

당신이 이 땅을 사는 이유는 한 가지밖에 없다. 예수 잘 믿어 복을 받기 위해서 당신이 이 땅을 사는 것이 아니다. 예수 잘 믿을 때 복을 많이 주시는 것이 아니다. 예수 잘 믿으면 새로 복을 받는 것이 아니라 예수를 믿을 때 받은 복을 볼 수 있는 눈이 열리는 것이다. 예수 믿으면 모든 복이 임한 것을 알려줘라.

당신이 이 땅을 사는 것은 인격이 더 좋은 사람으로 성장해서 천국 가기 위함이 아니다. 인격을 변화시켜 성화 되기 위해 이 땅을 사는 것이 아니라는 말이다. 당신은 예수님의 거룩한 신부가 되기 위해 이 땅을 사는 것도 아니다.

당신은 이미 거룩한 신부가 되었고, 예수 생명으로 온전한 인격과 능력을 당신의 영에 이미 주셨다. 당신은 이것을 발견하고 감격하며 영적 부모가 되어 복음을 전하기 위해 이 땅을 사는 것이다.

믿지 않는 자들처럼 교통사고 날 수 있고, 당신이 예수를 믿는데도 똑같은 어려운 일이 생길 수 있다. 예수 믿는데 왜 그럴까? 하나님께서는 당신에게 일어나는 모든 일을 통해 전도하길 원하신다.

예수를 믿지 않는 사람보다 더 어려운 일을 당해도 기쁨이 있고, 평안함이 있고, 소망 속에 하나님을 의지하는 모습을 보여 주기 위해 당신은 이 땅을 산다.

항상 임마누엘을 믿고 주님의 틀림없는 인도와 승리가 있음을 알고 사는 당신의 모습을 통해 복음은 전해질 것이다.

노예로 팔려 갔던 요셉이 그랬던 것처럼 우리도 그렇게 살 수 있는 능력이 있다. 다른 사람에게도 이런 능력이 있음을 가르쳐 지키게 하는 일을 할 사람이 바로 당신이다.

당신은 예수를 만나지 못한 사람을 도와야 할 사람이다. 당신은 구원받지 못하고, 멸망의 길로 가는 교회 안의 종교인들을 깨워야 할 사람이다. 이런 일을 감당하기가 만만한 일은 아니지만, 당신 안에 잠재운 성령의 능력을 복음으로 깨워 그들을 깨어나게 해야 한다.

예수를 건성으로 믿고, 말씀을 건성으로 듣고, 자신의 잣대로 자기 생각에 맞는 말만 해주기를 좋아하는 이들을 당신은 이제 깨워야 한다. 예수께 너무 깊이 빠지면 안 된다고 생각하는 이들에게 임마누엘의 감격을 심어줘야 할 사람이 바로 당신이다.

교회 성장의 꿈은 큰 교회를 세우기 위함이 아니다. 목사의 이름이 더 알려지기 위함도 아니다. 목사가 대우받기 위함도 아니다. 우리는 오직 복음만 전하다가 천국 가야 한다.

교회가 성장해야 하는 이유는 많은 영혼이 구원받아 인력과 재력과 영력과 체력과 지도력을 통해 더 효과적으로 복음을 전하기 위해 교회가 성장해야 하는 이유이다.

성경을 읽고, 성경을 더 이해하고, 성령으로 충만해서 다른 사람에게 잘 설명해야 할 사람이 바로 당신이다. 당신이 책을 읽고, 책을 쓰는 이유도 전도하기 위함이다. 당신이 쓴 책을 읽기만 해도 성령으로 깨어나고 복음을 받아들일 수 있는 쉬운 책을 써야 할 사람도 바로 당신이다.

당신은 이제부터 복음을 잘 설명하고, 잘 전하기 위해 열심히 살아야 한다. 전도가 하나님의 소원이고 당신의 소원이기 때문이다.

당신 안에 잠재운 성령의 능력을 복음으로 깨우려는 이유가 전도의 삶을 살기 위해서다. 어린양을 잘 먹이기 위해서 잠재운 성령의 능력을 깨워야 할 사람은 바로 당신이다. 당신이 전도하는 데 꼭 필요한 사람이기에 당신을 통해 표적과 기사가 일어날 것을 믿어라.

잠재운 성령의 능력을 복음으로 깨워 신바람 나는 복음의 삶을 살면서 전도하는 성령의 사람은 바로 당신이다.